中国紫砂花盆

邵　忠　编著

中国林业出版社

图书在版编目（CIP）数据

中国紫砂花盆／邵忠 编著.—北京：中国林业出版社，2011.8
ISBN 978-7-5038-6297-7

Ⅰ.①中… Ⅱ.①邵… Ⅲ.①紫砂陶－花盆－中国－图集
Ⅳ.①K876.32

中国版本图书馆CIP数据核字(2011)第169567号

编著：邵 忠
摄影：朱德基 文宗搏 郑可俊等

书名题字：胡 鹏
责任编辑：徐小英
封面设计：赵 芳
设计制作：骐 骥

出 版／ 中国林业出版社(100009 北京西城区刘海胡同7号)
E-mall:forestbook@163.com 电话:(010)83222880
发 行／ 中国林业出版社
制 版／ 北京捷艺轩彩印制版技术有限公司
印 刷／ 北京中科印刷有限公司
版 次／ 2011年8月第1版
印 次／ 2011年8月第1次
开 本／ 215mm×280mm
印 张／ 7.5
字 数／ 218千字 彩照:约200幅
印 数／ 1～3000册
定 价／ 160.00元

中國紫砂花盆

松鶴

序

宜兴紫砂，是中国独有的工艺门类。据史料记载，紫砂器的生产，始于北宋，盛于明清，发展于近代。紫砂花盆的生产，约为明代中叶，但尚未见有文献记载，只是从现在收藏徐友泉制作的“红泥云足扁盆”“涡口裙足椭圆盆”等可以佐证。到清代，一些文人雅士、富商巨贾，爱玩盆景，他们尤其推崇紫砂盆，除以盆景之奇美取悦于众之外，还以觅求名家盆艺为乐。直至近代，紫砂盆艺又进一步发展。据1990版《宜兴县志》记载，中华民国十年（1921年）烧造紫砂产品的龙窑有10座，年产量达100多万件。到中华民国二十一年（1932年），紫砂从业人数已达600多人，全年共烧140窑，年产量220万件，其中相当数量为紫砂盆，直接出口到日本、东南亚国家等。新中国建立后，特别是1978年以后，当时的宜兴紫砂工艺厂，主要产品是花盆。紫砂花盆的发展，也相应地推动了盆景艺术的发展。

盆景，是中国传统艺术。景是表现盆中的艺术主题，而盆即是景的衬托。以紫砂泥为原料烧制而成的紫砂盆，质地细密、坚韧、不上釉，有吸水透气性能，有利植物生长发育。以其取土之本色，古朴、典雅，加之制作缜密、精巧，为其他盆钵所不及。盆景用盆，早在明代，已为艺人所注重。由于中国古代陶瓷工业发达，因而出现了不少名匠名师，他们技艺精湛，对盆的造型、色彩、质地，都有精心研究，所制的紫砂盆、铁砂盆，具有造型古朴、色彩素雅、工艺精湛、款色优良、质地细腻、坚固耐用的特点，这些盆的本身就有着极高的观赏价值。

宜兴紫砂盆，以紫砂泥和同类泥种为原料，烧成后的色彩，虽有几十种之多，而颜色仍以紫红为主，色调都很沉静。因此栽上桩景，有拱云托月之功；若栽上松柏类古桩，则更见古雅浑朴。园林高级工程师邵忠擅于盆景艺术，积几十年之经验感悟和资料的遴选积累，汇集编著的《中国紫砂花盆》，可读性强，品评兼备。

是为序。

苏州农业职业技术学院教授、九三翁　　徐国桢

2009年9月11日

目 录

鉴赏篇

配 置 篇

史 话 篇

工 匠 篇

鉴 赏 篇

一、 紫砂花盆概述

（一）紫砂花盆的特点

紫砂花盆的制作，虽不像紫砂壶要从身、口、盖、钮、嘴、把、托等诸多方面去统一设计、制作，但就紫砂花盆本身来说，也是一片广阔的天地，也有许多奥妙。紫砂花盆的造型，精华则在于线、面、围、形的衔接、过渡与划分，从中透出一种自我充沛的力，又有超脱万象，更迭弥新。宜兴紫砂器的制作，自宋、元以来，已有千年历史，就以兴盛一时的明代迄今也有六百多年历史，久盛不衰，受到世人的青睐。很多的紫砂器，无论是紫砂壶或紫砂花盆，多有东渡东瀛，所以在日本国内，至今还有相当数量的精品，如今是完整收藏。青睐，是一种喜爱，也是信史，更是一种推崇。之所以如此，是有多方面的原因，归纳起来特点有三：

1. 优殊材质，独领风骚

紫砂矿土，是由一种含铁质黏土粉砂岩的自然特殊矿土组成。紫砂是统称，除以紫泥为主外，还有绿泥、红泥等。其特性紫而不姹，红而不嫣，黄而不娇，黑而不墨。“如铁如石，胡玉胡金，备正文于一器，具百美于三停，远而望之，黝若钟鼎陈明庭，追而察之，灿若琬琰浮精英。”（吴梅鼎《阳羡茗赋》）这种材质，具备质朴含蕴，温文尔雅、风致延宕的性格特点，正是盆栽和盆景最适合的配置器皿。相反，景德镇的瓷釉彩绘花盆，其特点是艳妆浓抹，标致可人，过分锦绣、耀眼，势必喧宾夺主；且瓷釉材质，闭水闭气，不利植物根系生长。所以，紫砂花盆广为盆景艺术家所钟爱，不无道理。

制盆与赏盆，两者都具有既统一又矛盾的两个方面。用紫砂材质制成的花盆，除材质内部结构有利栽花、种树，比较实用外，还可在视觉、触觉等层面与盆艺鉴赏者的审美心理联系。正是基于这一点，在紫砂材质上，陶艺师可以用铺砂、掺泥、括浆等方法，做足文章，使盆艺造型，珠粒隐现，光泽暗暖。这种色泽、肌理、纹络自然的材质感，能引起视觉感受和自然效应，而产生愉悦美感，这是其他材质所无法比拟和达到的。

2. 造型装饰，绚烂平淡

优殊的紫砂材质，使其制作的器皿，会产生一种自然可爱的美感，因此备受推崇。它吸收其他艺术门类，尤其是陶瓷工艺中常用的制作和装饰手法，如塑、刻、雕、绘、彩、纹、堆、嵌、釉等技艺，同时在造型上，方、圆、花、畸，及各种几何图形的运用，使盆艺也幻化成一个奇妙异常的世界。如台湾苏义吉先生收藏的“红泥直角长方盆”，鲜艳的色彩，拱形的底线，线条简单，型式流利，衬托出此盆“艳而美”的最佳韵律，人见人爱。在日本现藏一只紫砂香炉盆，盆口沿边平滑外卷，子口收拢又内而运走，在子口沿壁上刻回纹，盆壁鼓腹，盆肩装饰如意浮雕，颜色沉着、曲蕴，形态简朴、幽雅，既端庄又秀逸，三足，象面、象足弯曲自然。配紫檀木几座，美意绵绵。

紫砂工艺，尤其是紫砂花盆的制作工艺，并不排斥繁华的装饰，绚烂必须归于平淡，鲜艳必须蕴含幽雅，艳丽的色彩，流畅的线条，能使观者舒心，用者舒畅，才是造型装饰之极致。

3．刻书描画，空间宽畅

紫砂花盆无论大小，都有几面宽畅的盆壁，每一个宽畅平整的盆面，都适合书画艺术家挥毫走笔，展显身手。其实早在明清时期，已有许多艺术家题书描画，繁荣盆饰，得到众人的称颂。如台湾苏义吉先生收藏的“红泥描绘长方盆”，是色泥描绘，山清水澈。小山不高，层峦迭出；远山隐约可见。溪流绕山，弱水潺潺；两岸山石嶙峋，溪畔小树，宛若天生。底配云纹足，淳朴敦实。又如清代杨季初制作的“紫砂色绘长方盆”，其色绘山水装饰更见突出。远山近树，层峦叠嶂，村屋连楹，小舟逐波。四个立面绘制的通转山水，犹如国画中的一幅长卷，高雅入韵。清代开始文化人参与紫砂创作，尤其乾隆、嘉庆、道光年间，凡经陈曼生书刻的陶盆，就有一种超凡脱俗之感，使其品位陡增。

陈曼生是清代紫砂书画名家，除亲自设计各类茗壶，且挥毫走刀，尤其在盆体上，更可无拘无束，施展才华。自此，紫砂的书画装饰，得到迅速发展。

（二）紫砂花盆的制作阶段

中国的重大历史时期，往往会带来重大的变迁或变革，所以，研究中国的哲学、政治、文化、文学、艺术等，一般将1840年第一次鸦片战争以前的历史时期称谓古代，如古代哲学、古代文化等把1840年至1949年中华人民共和国成立，其中包括清代晚期及中华民国时期，这约百年的历史时期，称近代。1949年至今为当代。

对紫砂花盆艺术的研究，又根据紫砂花盆艺术本身发展演变的规律，一般将1911年辛亥革命以前制作的紫砂花盆称“古代盆”；自1911年以后到1976年，这一时期制作的紫砂花盆称“近代盆”；自1976年至今制作的紫砂花盆，统称“现代盆”。不同的时期，不同的制作，不同的造诣，不同的装饰，谨此提供鉴赏者参考。

二、淳朴敦厚的古代盆

古代紫砂花盆有实物可考证的，最早为明代所造。主要是在明朝中期以后，即从明正德年间至崇祯年间（1506～1644年），社会稳定，手工业发达，市场经济已出现资本主义萌芽。一些贵族、士大夫等城市有闲阶层崇尚品茗、赏景，对紫砂壶和紫砂花盆的市场需求，迅速上升。明万历年间（1573～1620年），先是出现了董翰、赵梁、时鹏、元畅四大制壶名家；以后又有“壶家妙手称三大”的时大彬、徐大友泉、李大仲芳三人，还有一大批制陶高手。到清代，主要是康熙中期至嘉庆晚期（1680～1820年），宜兴紫砂更是全面发展的繁荣时期，一些制壶高手及民间艺人制作的壶、盆、钵、罐，其装饰手法也呈多样化，泥绘、加彩、镂雕、堆贴等，竞相争艳。这一时期的紫砂花盆，在造型上追求朴素合度，泥色一般以艳红、褐红、赭褐诸色为主，装饰上以简练明快为上，也有书画家在坯体上用色泥描绘山水、花卉，也有一些栖鹊。这一期间的紫砂花盆，泥料特别讲究，所以能存留到今的紫砂古盆，历经数百年的风雨侵蚀，甚至有的外表风化脱落，而其材质之色相，仍楚楚动人。有的铺砂盆，虽然砂粒粗糙，造型简单，却也旷达豪放，令人心仪。

【大红袍莲花盆(明)】(79×30cm)

“大红袍”是指泥土的颜色。虽历经数百年之风霜,仍然色泽鲜艳、纯正、细密。其造型仿佛一朵盛开的莲花,花瓣连接用阴线(凹线),瓣尖正中用阳线(凸线),造诣精当,细腻,用此古盆来承栽松柏古桩,能彪射出一种“挚明,撼风霜”的意境。因年代久远,底足剥蚀脱落。

苏州万景山庄收藏。

【桃花泥上下带回足木瓜盆(明)】(76.5×66×44.5cm)

外缘绘太湖山水图。山水树影,水牛牧草,柳芽新绿,景色风趣,因曰“太湖悠春,藏者铭”。

【紫砂象足香炉盆】(25×25×12.5cm)

现藏日本。颜色沉着、曲蕴,形态简朴、幽雅。盆口沿边平滑外转,子口收拢又内而运走,与盆体自然接应,盆壁鼓腹,三只盆足,象面,象鼻弯曲自然。再配紫檀木几座,美意绵绵。

【桃花泥雷文云足长方盆(明)】
(35.5×23×12.8cm)
(大彬制)

【桃花泥描花海棠盆(明)】

明制紫砂盆,通常都是造型简洁,明了,除了线角,则是光面。这只桃花泥海棠盆,推测制作于明代晚期,盆壁上的《菊花图》,每面花型有异,素雅质朴,清净意趣,使造型既不细碎繁琐,又具有自然气息。

台湾苏义吉收藏。

紫泥"款识"印(徐友泉)

【涡口裙足椭圆盆(明)】

明代徐友泉制作。紫泥本色,腰塑凸带,底配裙足,线条简单,制作精良,朴素大方,整体润滑舒畅。

台湾苏义吉收藏。

【黑泥云足圆盆(明)】

色质黝黑,光洁净尽;瓢口犀利,沿饰细腻;腰带凸纹,图案清晰。

台湾苏义吉收藏。

【红泥描绘长方盆(明)】

色彩艳红,光洁清净。色泥描绘,山清水澈。小山不高,层见迭出;远山显现,隐约可见。溪流绕山,弱水潺潺;两岸山石嶙峋,溪畔小树,宛若天生。底配云纹足,淳朴敦实。

台湾苏义吉收藏。

【粗砂直口圆盆(明)】

初看显粗,粗中蕴细,粗壮坚实,线面光滑。淳朴敦厚,这也许是明代粗砂直口盆的神韵。

台湾苏义吉收藏。

【紫砂高腰抽角长方盆(明末)】(32×24.5×15cm)

盆壁平整,素净简洁,光滑无饰,朴拙大方,显示出紫砂器特有的风格韵味,引人醒目。

苏州孙林森收藏。

【桃花泥雷文云足长方盆(明)】(35.5×23×12.8cm)

由日本收藏,用"桃花泥"为原料制作而成"古渡盆"中的一只,名"云足长方盆"。盆壁四面用中国古代青铜器图案装饰;壁面长方形框格里饰浮雕图案;既类兽头,亦类云霞;其转角弧面则饰花朵;盆口边沿也刻回纹;四足乃云足如意。对此盆,日本人认为是明代陶艺高手时大彬制作,我们不敢苟同。日本民族性格所表现的特点,非常注重对古代文化的收藏研究,特别是对中国古代文化的收藏和研究。中国古代有很多优秀的工艺品、古器物,甚至古籍、古画,流传到日本,对其文化发展产生很大的影响,如今在国内找不到的精品古器、古物、古籍,却完好地保存在日本,这很值得我们国人思悟。

【铁砂长方盆(明)】(80×47×27cm)

铁砂，实际上属粗砂的一种，因砂中含有微量铁质而名。泥中铺砂，暗生朴韵，粗中蕴细，润泽舒畅。此盆与大红袍长方盆造型一样，唯盆脚略矮一些，也许是同出于一个陶艺师之制作。

苏州万景山庄收藏。

【大红袍长方盆(明)】(80×47×29cm)

色彩鲜艳，简洁明快，线条流畅，纯朴敦厚，所构成的基本轮廓线及形体，充盈着朴拙之美。展现出这只数百年"大红袍"古盆的精良造作。

苏州万景山庄收藏。

【乌泥瓢口下带切足长方盆】(17.5×13.3×7cm)

盆面浮雕"双龙嬉珠"图。

【红泥云足扁盆(明)】

明代徐友泉制作。圆滑润净，制作精练。暗里泛红，色泽鲜明。台湾苏义吉收藏。

【乌泥高腰长方盆(明)】

造型古雅，高腰舒扬，色彩润泽，光莹明净。经鉴定是明代陈文卿(传略未详)制作。台湾苏义吉收藏。

【紫砂上色瓢口圆盆(清)】(50×32cm)

通体圆转是一幅上色《牡丹争艳图》,柔条劲节,自然逼真;花型各异,姿态互殊,竞相争艳。

苏州民间收藏。

【紫砂竹节盆(清)】(15×20cm)

整体造型仿照竹之节间直杆的形态,表面润泽光华,色调高雅;不需任何装饰,展示自身质朴的美、纯真的美,构成紫砂器造型的系统规律,也就是紫砂韵味。

苏州民间收藏。

【紫砂长方盆(清)】(67×37×27cm)

造型端庄,色泽鲜明。用色泥描绘的转面《山水图》,层峦迭嶂,线条清晰;明快、细腻,呈现一幅山重水复的壮观气势。

苏州民间收藏。

【紫砂刻花六角盆(清)】(37×14cm)

紫砂盆的发展,到清代,更注重盆壁装饰,尤其是陈曼生时,其将书画艺术嫁植于紫砂坯体上,一展文人书画的气息与神韵,姿色端丽,倩影俏巧,正体出现"妙影横斜"的意境。以此盆种竹栽梅,可做到景幻盆妙,相得益彰。

苏州民间收藏。

【红泥山水疏竹下带段足长方盆(清中期)】(49.5×27×15cm)

制作精细,色泽鲜润。盆用色泥描绘,正面绘太湖平远山水;背面绘疏竹两三枝;线条流畅,图纹清晰,图文并茂,赏玩极品。荆溪蒋世龙制。

【紫砂马槽盆(清)】(53×30×15㎝)

马槽乃常见紫砂盆造型的一种。此盆通体转面浮饰山水图,层次清晰,虚实相宜。

苏州民间收藏。

【白泥色绘长方盆(清)】

型式庄重。造型端正,朴素大方,古意盎然。上与盆口,下与盆底,各以直线条分开,构成盆腰壁面,通体转面为凹下的平面,用色泥描绘的山水《溪居图》,溪畔山下,有屋数楹;山上石纹,溪面水纹,清晰可数。

台湾苏义吉收藏。

【朱泥云足木瓜盆】(37×30×13cm)

清代吴天成制。

【紫砂刻书斗方盆(清)】(25×25×16㎝)

造型规正、大方,坯体上绘刻图案、文字,疏密适当,布局得体,透出一种书卷气味。

苏州民间收藏。

【紫砂刻书六角盆（清）】(37×15cm)

六角造型，清楚简练；两侧饰以兽头雕塑，威武英挺；盆口外沿用回纹装饰，更显凝重稳当。盆壁上雕刻“生香”二字，隽逸挺秀，秀而不涩，意味深长，实为上品。

苏州民间收藏。

【紫砂海棠直口盆（清）】(50×25×20cm)

造型规正，线条明快，衔接自然，色泽明亮，可谓陶盆之佳品。

苏州民间收藏。

【紫砂瓢口圆筒盆（清）】(50×28cm)

陶质细腻，做工精细，造型精巧，简洁朴素，展示出紫砂盆器的独特神韵。

苏州民间收藏。

【紫砂瓢口斗方盆（清）】(45×45×25cm)

造型简洁，线条流畅，色泽鲜明，是清代紫砂盆中的上品。

苏州民间收藏。

【紫砂直口斗方盆（清）】(57×57×47cm)

端正、大方；精细、滑润，素净，不加任何修饰，全靠制盆高手的过硬功夫和技巧才能达到，是紫砂盆中的细工佳品。底孔方形。

苏州民间收藏。

【红泥色绘方盆(清)】

制作精工,造型端庄,红底黑描,色彩鲜明。鲜红的盆壁,通转用色泥描绘山水,线条清晰,并以浓淡、粗细、虚实、刚柔、曲直相结合的手法,表现了画中青山、碧水、绿树、帆影的生动形态。

台湾苏义吉收藏。

【紫砂方口盆(清)】(23×23×21cm)

壁面光面无饰,线条简单,典雅大方,随处置宜。栽花种树,洪细入韵。

苏州民间收藏。

【紫砂瓢口圆瓜盆(清)】(56×35cm)

线条简练,阴阳分明;上为瓢口,底圈凸线;盆壁与盆底用一条线分开,线面过渡转接得当、自然。承力均匀,恰到好处。

苏州民间收藏。

【直口切角方盆(清)】(24×15cm)

形体简练,盆壁中央用两条凸线运转、舒畅,中间以回纹图案铺底,用仿青铜器的双兽头装饰;盆口外沿,亦以回纹为饰,高手精工,令人赞叹。

【乌泥莲花盆(清)】

形似一朵盛开的莲花,造型逼真。花瓣之间,用阴线分开,花托则用阳线为筋,阴线为分;花托下以阴线过渡到盆底,有一圈凸线。底设云足,三足鼎立。清楚、瞭然。

台湾苏义吉收藏。

【桃花泥描花方盆(清)】

瓢口方形,腰脚之间用凸线条分开。凹弧形的盆壁面,用色泥描绘的各式花草,简单朴素,清香淡雅。

台湾苏义吉收藏。

【乌泥长方盆(清)】

盆口外沿用线条处理,盆壁四面凹奎,底以兽头足衬托,整体造型线条简单,简朴大方。盆面光洁、明净,制作精良。

台湾苏义吉收藏。

【乌泥色绘长方盆(清)】

瓢口,平面外沿用线条处理;底部有两圈凸线,将盆腰与脚明显分隔。盆壁呈凹弧形平面,用色泥描绘的《溪山渔村图》,山丘矮巧,溪流广阔,溪畔渔村,背依高山,水上渔舟,形象逼真,真是一派“世外桃源”景象。

台湾苏义吉收藏。

【乌泥色绘六角盆(清)】

盆口、外沿和内壁六角形,盆外壁弧圆形,盆底和盆腰以一凹线过渡、分开。每两个角间的垂直壁面,是一圈倒梯形凹奎,奎内色绘,或山水,或花木,意趣自然,不一而足。

台湾苏义吉收藏。

【紫砂瓢口斗方盆(清)】(39×39×34㎝)

造型端正，色泽浅明。通体描绘一幅转面《山水渔樵图》。山上疏林葱茏，远处两樵夫，挑柴过桥去；近处三渔舟，归帆唱晚歌，一派自然山乡景象。

苏州民间收藏。

【红泥直角长方盆(清)】(36.7×20×12cm)

鲜艳的色彩，简单的线条，流利的造型，精工的制作，衬托出此红泥盆“艳而美”的最佳韵律。

台湾苏义吉收藏。清代萧绍明制。

【柿泥海棠盆(清)】

上下一体，海棠造型，腰脚之间，花瓣之间，都用一阴线条过渡分开。盆壁光润，色彩鲜艳；精工独到，简单朴素，高雅情趣，不言而喻。

台湾苏义吉收藏。

【紫砂描花圆盆(清)】(40×30cm)

上沿与盆底都是用一条线分开,且色泽分明。盆壁通体转面描绘一幅《水乡浩渺图》,近岸小丘上两棵树下,建有双亭景观,具有唐皎然诗“迢路渺天末”的意境。

苏州民间收藏。

【紫砂海棠盆(清)】(80×67×44cm)

素面洁净,云足托底;两侧饰以衔环兽头雕塑,雄壮猷劲。

苏州民间收藏。

【乌泥鼎足长方盆(清)】

造型淳朴,坚固耐用,盎然古意,脱颖而出。

台湾苏义吉收藏。

【乌泥色绘长方盆(清)】

色彩沉静,造型庄重,“古”态逸出。壁面色绘山水,峻岭峥嵘;峡里溪涧水满,源源漫流;清晰明辨。

台湾苏义吉收藏。

【紫砂刻书香炉盆(清)】(20×8cm)

盆的口、腰、脚都以线条过渡,轮廓分明,自然柔和,精工特到。盆壁光面、局部刻书法点缀衬饰,别具一格。

苏州民间收藏。

【兽足线圆盆(清)】(39×12㎝)

盆的块面装饰，似用八卦的八种基本图形，用“—”和“--”符号组成；以“—”为阳，以“--”为阴。八种图形，象征天、地、雷、风、水、火、山、泽八种自然现象，是万事万物的根源，再用兽面为足，更增添玄妙虚无之道理。也称“八卦盆”。

【直角长方盆(清)】(24.7×16.3×6.8㎝)

形式典雅古朴，盆口外沿饰以回纹。方方正正的壁面，经陈曼生书刻“宫粉妆成水底仙”七字，笔意幽闲，有超凡脱俗之感，品位陡增。据说，陈曼生的字比盆壁上的字更好一些。

【紫泥诗文直角切足长方盆(清)】(24.7×16.3×6.8cm)

形式典雅古朴，盆口外沿饰以回纹。方方正正的壁面，经陈曼生书刻“好风时逐暗香来”七字，笔意幽闲，超凡脱俗，品位陡增。

清代陈曼生制。

【紫砂五彩切角长方盆(清)】

盆的口、腰、底、足都用线条划分。盆壁中央用凸线构划长形方框，框外四周，是彩绘藻饰；框里彩绘小桥流水，粉墙黛瓦，绿树浓荫，花木鲜丽，一派江南水乡景色。素雅文静，语工意新。

台湾苏义吉收藏。

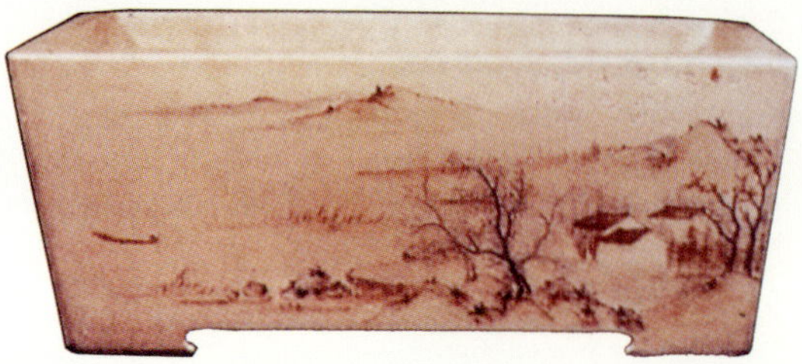

（局部）

【紫砂白泥色绘切足长方盆（清）】（31×21×12.2cm）

造型高洁、雅达，清新隽永；盆壁宽广、平滑。前后壁面，用色泥描绘的《山野村居图》，远山近树，层峦叠嶂，村屋连楹，小舟逐波。四个立面绘制的通转山水，犹如国画中的一幅长卷，高雅入韵。

清代杨季初制作。

【紫砂瓜形腰圆盆（清）】

整体塑造，似瓜之形，口、腰、底、足，瓤隔分明，素肌丹瓤，尽其形影。配以几座，雕琢精工，“古”趣迭生，“意”在笔先。

台湾苏义吉收藏。

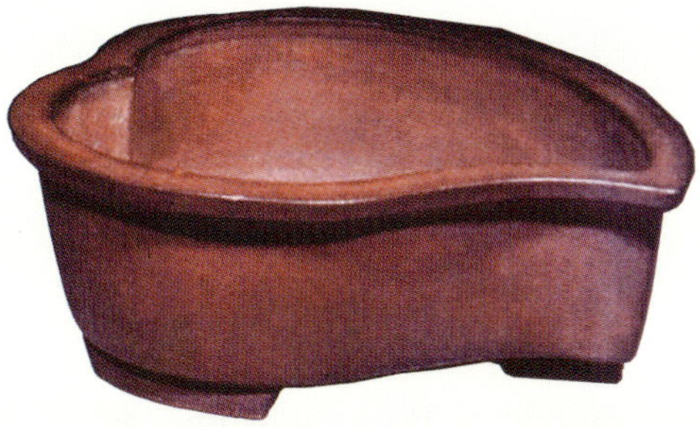

【树叶型盆(清)】(33×29.5×12cm)

树叶形态,模拟自然,不加华饰,淳朴自然,是紫砂器拟物造型的常用手法。

【云足堆花方盆(清)】

线条浑圆,不露棱角;壁面描绘,远山近水,轮廓清爽,简单朴素。

【云足透雕方盆(清)】(30×23cm)

整体造型,将雕、镂、刻、绘等工艺熔于一炉,内外层次分明,祥云舒卷自然,云足衬托,比例恰当。匠心独运,叹为观止。但是可赏而不可及,似有"侧重工艺,偏离实用"之嫌。

【瓢口圆盆(清)】(35×20cm)

泥色清朗,形体端庄,结构均称,美观大方,尤其口、面与盆脚的高低比例适当。书画装饰,浓笔重彩,刀刻精工,是清代中期之精品。

宜兴徐洪元收藏。

【白泥绘瓢口六角盆(清)】(42×22cm)

盆型六角,六个壁面,用白泥描绘梅、兰、竹、菊等六种花卉,线条粗犷,但形态质朴,自然逼真。

苏州孙林森收藏。

【平口圆盆(清)】(口径25.5×8.5cm)

造型简练,线条流畅,选泥精细,泥质纯正,条足圈底,过渡明朗。表面光滑,朴素大方。

苏州李为民收藏。

【蹴足方盆(清)】(46×26cm)

盆口、盆面转折润滑、自然、有韵;底线轮廓鲜明;足圆润遒劲,简洁朴素,不加修饰,可谓不可多见之佳品。

【直角斗方盆(清)】

方形规正,不设线条,平畅的壁面,刻绘着一只螃蟹,爬行在一根老壮的苇杆上,自然逼真,具有“苇壮蟹肥”之意境。

【云足方盆(清)】

飘口云足,黝黑的壁面,用白线条刻绘。老翁栩栩如生,线条简洁,粗细分明。背后,一枝翠竹清秀,状若微风摇曳。

【京钟盆(清)】

京钟盆是紫砂陶盆的一种常见造型形式。但此盆陶质细腻,质感自然,凝重敦实,古朴大方。盆壁色绘《山村图》,四周绕山,山坳村居,青山沉静,环境清幽,真有“世外桃源”之趣。

申庆文收藏。

【马槽盆(清)】(48×32×20cm)

马槽是紫砂宜兴盆常见型式,以其造型似盛饲料喂马之器具,称马槽盆。

苏州孙林森收藏。

【平口条足长方盆(清)】(45×29×17cm)

线条简单,壁面无饰,素雅大方,自然质朴。

苏州孙林森收藏。

【白泥绘长方盆(清)】(40×26×14cm)

盆壁四面,白泥描绘。正面山水,线条流畅;背面梅花,绮丽多姿;两侧兰花、海棠,简洁明快。静物自然,古朴素雅。

苏州孙林森收藏。

【蒲口长方浅盆(清)】(60×31×11cm)

继承中国传统器物的造型,从口、颈、肩、腹、底之分,各部之间的关系,均有交待,紧密衔接,脉络清晰,形体的转换、过渡十分明确,这种造型是审美意识和经验的融会,也是完整造型与实用功能的需要。

苏州李为民收藏。

【铺砂直角长方盆(清)】(40×25×12cm)

平口内涡,外沿饰回云纹框;直角方正,盆足一体,角面挺括,凝重古朴。采用紫泥掺砂工艺,使器面装饰犹如繁星点点,日流闪烁,风度清锵。

苏州孙林森收藏。

【菱形盆(清末)】(44×32.5×16cm)

平口菱形,四角尖凸;盆腰菱形,以弧线凹凸过渡;下衬如意足,托空地漏。寓意"翰林及第""称心如意"之吉祥口语。

苏州孙林森收藏。

【平口条足长方盆(清)】(43.5×27.5×17cm)

造型简练,不加修饰,素净质朴,风韵自然。

苏州孙林森收藏。

【白泥绘长方盆(清)】(30.5×18.5×10.5cm)

平口内涡,盆壁方奎。白泥描绘,清晰犀利,"古"风朴朴,意趣盎然。

苏州孙林森收藏。

【白釉长方盆（清）】（43×16.5×7cm）

紫砂泥胎，外表施以白釉，底衬条足，明洁朴拙，素雅淳秀。

苏州李为民收藏。

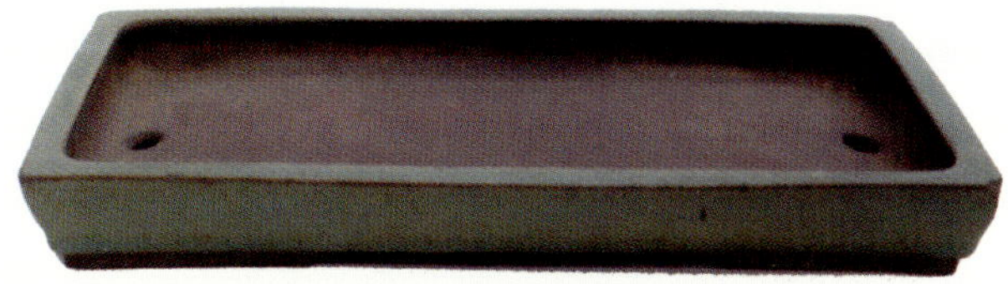

【绿釉长方浅盆（清）】（36×18.5×4.5cm）

胎用紫砂泥，外表施豆绿色彩釉，底配条足，造型方整，简洁淳朴。

苏州李为民收藏。

【加彩水底盆（清）】（29.6×20×4.2cm）

盆呈浅长方形。在紫砂胎的赭红色底上，以蓝白两色釉绘成《蝶恋花》图案，壁顶沿口平面，饰湖蓝底，深蓝色回纹边。

常州文物商店收藏。

【白釉圆盆（清）】（口径24×7cm）

紫砂泥胎，外表烤施白釉，呈浅米黄色。色调素雅。底足鼎立，饰云纹，简洁朴拙，是清代实用盆器的代表作品。

苏州李为民收藏。

【海鼠釉平口圆盆(清)】(口径25.5×15.5cm)

圆盆平口，底设条足，造型朴素，线条简单。胎用紫砂泥制作，外表施以海鼠釉，色彩和谐，自然秀雅。

苏州李为民收藏。

【紫砂平口圆盆(清)】(口径46.3×26cm)

选料纯正，做工精细；盆壁光纯，不加绘饰；底设圈足，以线过渡，以线分隔。美观大方，线条简单，实用与艺术蕴结。

苏州李为民收藏。

【阔边青釉圆盆(清)】〔内径35(外径42)×18cm〕

盆圆形，紫砂泥胎，外表烤施豆青色彩釉，盆壁显现浮雕花纹，制作精湛。盆底除有近7cm圆形泄水孔外，竟密密麻麻布满100多个针眼小孔，可供泄水。由于盆底百个小出水孔，能够保证盆中花卉既不受淹，水分又不会迅速流失。因此，这只花盆"看似寻常最奇倔"，在国内还是独一无二。

苏州戴立干收藏。

【铁砂长方盆(清)】(49×31.5×18.5cm)

铁砂，是属于粗砂的一种，因砂中微量铁的含量较高而名。清代的铁砂，砂质细腻，优于明代铁砂。砂生朴韵，粗中蕴细，表面润泽舒畅，所以制作的盆胎，与紫砂无多差异。这只铁砂盆就是泥色纯正，表面光滑，造型庄重，典雅统正，实用也很大气。

苏州李为民收藏。

【圆筒盆(清)】(内径27×15.5cm)

盆呈直圆筒形。盆上有五圈凸线，其中一圈在盆口部，四圈在盆腰部，以两圈并行。盆以紫红色为主体，盆腰两凸线间用黑泥相滚，在黑泥圈的四围，塑六条紫红蟠龙纹，层次色泽明显。在盆腰黑泥圈上，盖有腰圆形小印章，楷书“友春”两字。

苏州戴立千收藏。

【海鼠釉长方盆(清)】(42×26×13cm)

盆用紫砂泥制作，外表及盆口施烤海鼠釉。盆底有2cm正方形印章，楷书：“大清裒揆鲍氏明亮制”九字。

苏州戴立千收藏。

三、简洁明快的近代盆

20世纪前半叶，对于中国来说，是个动荡时代，灾难频繁。中华人民共和国成立后，又出现多次运动，其中影响最大的是“文化大革命”。直到1978年十一届三中全会以来，才得到稳定、发展。在这期间，紫砂器的造型形体上，可以说基本承袭清代的传统，而在装饰上是迎合当时流行的复古收藏之风，一些陶刻名家，如任淦庭等盆、瓶、罐、筒的雕刻作品，已达到炉火纯青的境界。再就是宜兴依上海为紧邻，所以上海经济也左右宜兴的紫砂事业，一些有技术特长或经商头脑的行家，如吴德盛店吴汉文、铁画轩店戴国宝，开始兴办陶器商行，设计商标，打出自己的品牌，并扩大营销，有的营销到全国十几个省份，有的还参加国际上的一些展会。当时，还有人认识到人才技术对紫砂行业发展的作用，因此揽聘行家里手，开办传习技艺会所等，不一而足。

1949年至1966年制作的紫砂盆，当地人称作“解放盆”。“解放盆”造型简明扼要，品种也不太多，特别是在计划经济期间，工人不带个人功利，只求完成任务，所以许多盆艺做工很细，因此有的品相，确为上乘，令人爱不释手。“文化大革命”期间生产的紫砂盆，当地称它“文革盆”。“文革盆”均由宜兴紫砂工艺厂出品，因为受毛泽东“红雨随心翻作浪，青山着意化为桥”诗句的影响，许多雕刻艺人在盆上刻“红雨刻”几个字，因为“文化大革命”期间不允许突出个人，印章也统一为“中国宜兴”。从艺术角度上来看，在这时期的紫砂盆，仍不失工整、细腻，虽然造型不繁，装饰也简，但气质明快，法度合理。

【六角刻花盆】

六角造型，口大底小。六面刻绘，书画相间。文词花木、道劲雄健。展示着时代的气息。

【金钟盆（民国）】（29.5×16cm）

一式两盆，两盆一对，圆转盆面，一书一画，刻绘精到。山峻水壑，一峰独秀；书法朴壮，瘦硬道劲。款署民国二十六年（1937年）夏月岩如山人。配置精制红木圆鼓对几，风韵独显。

苏州孙林森收藏。

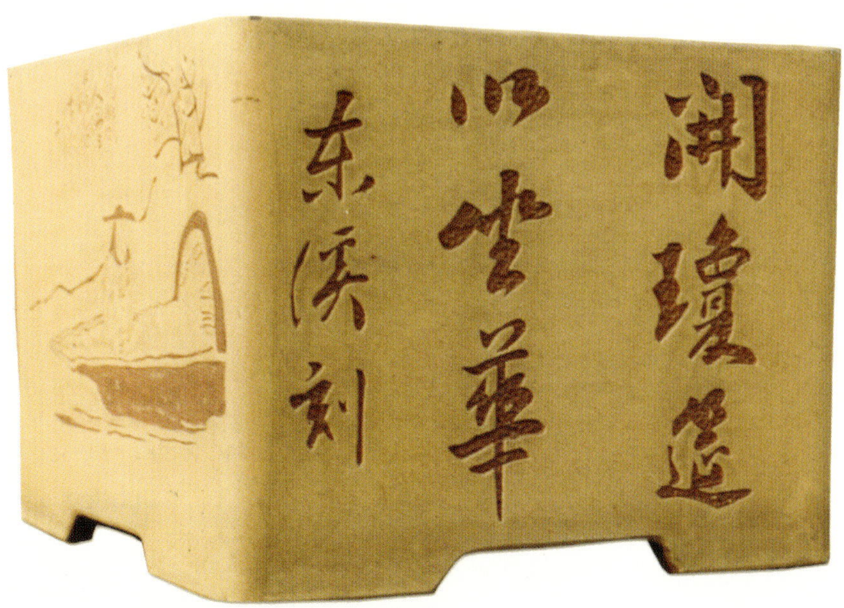

【紫砂刻书直口斗方盆（民国）】（19×19×14.5cm）

造型端正，色调素净。盆壁刻绘，书画并茂；一书一画，互为映衬；刻刀功力，刚劲雄健；描绘线条，刚柔相济，人物栩栩如生。书画结合，是紫砂工艺前进、发展的写照。

苏州民间收藏。

【平口长方浅盆（民国）】(53×30×11cm)

造型规整，简洁大方，底沿凸线，与足过渡；足饰回云纹，恰到好处。

苏州孙林森收藏。

【紫砂平肩六角盆（民国）】(30×26×16cm)

盆口、盆腰与底脚轮廓分明，盆口与底脚为规整的长六角形，盆腰则为腰圆形；两侧雕塑兽头挂扣，形象自然逼真；盆壁篆刻阴文，简洁明快，充分展现紫砂盆器塑造、雕刻的造化韵律。

苏州民间收藏。

【紫泥金钟盆（民国）】(34×21cm)

盆壁圆面，一书一画，简单得体。书法圆转、淳厚；画竹一杆、两杆，直杆挺拔，疏散几枝，枝叶苍劲。款署壬申（1932年）夏月三星厂制，竹如画。

苏州孙林森收藏。

【瓢口圆盆（民国）】(22×13.5cm)

肌理细腻、润滑。紫褐色盆壁，镌刻“绿窗人静”四字，工整雄健，寓意奥妙，意趣幽深。

毛顺兴出品。

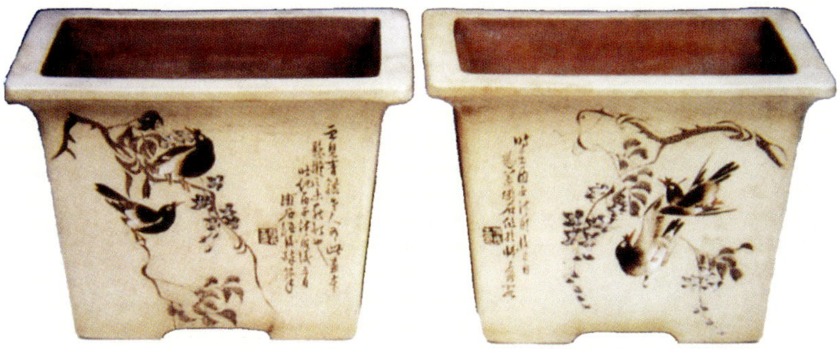

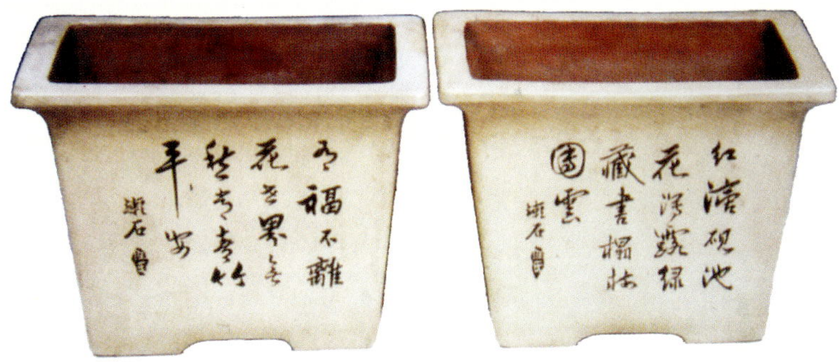

【明方盆（民国）】（30×25×22cm）

这两件作品创作于1936年，紫砂生产处于基本稳定阶段，制作环境尚是安定舒缓。壁面书画，均由近代著名紫砂艺人任淦庭绘制。时值向午，鸟飞鹊喜，达入高峰，画中喜鹊，翅羽展现追逐嬉戏，神态可爱；花、藤线条飘逸，尤似天外飞来。书法画纹，气韵生动，刀法深浅，恰到好处。

【斗方切角盆（民国）】（15×15×15cm）

盆形斗方切角，胎紫红色。造型严谨，形式规整。正面刻兰花一丛，枝繁叶茂，花苞怒放，正是春色；背面刻隶书：“露珠湿轻帻，润帘风罗香”十字。两侧饰兽头衔提环。盆底是五眼“金钱泄水孔”。

苏州李为民收藏。

【平口切角长方盆(民国)】(15×8.5×9cm)

选泥精细，胎质纯正，制作精工，不加修饰，端正大方。足形兽头，配饰云纹，盆底空间宽畅，简朴美观。

苏州李为民收藏。

【平口切角长方盆(民国)】(32×25×12.5cm)

色泽纯净，胎质细腻，表面光润，形式和谐。足饰云纹，浑厚雅朴，制作精工，造型称意。

苏州李为民收藏。

【方形喇叭盆(民国)】(12.3×12.3×21.5cm)

胎用白泥制作，呈米白色。造型娟秀，稳重，线条流畅。敞口，弧形凹腰，采用千筒造型的变体形式，形姿姝丽。

苏州李为民收藏。

【微型盆（民国）】

苏州李为民收藏。

【涡圆直口六角盆】

直口涡圆，腰六角形鼓凸，一盆两式，造型素雅。

【白泥腰圆浅盆（民国）】(35.5×23×8.5cm)

盆腰圆形，用白泥制作，表面呈米黄色，光滑，细腻。盆腰有两圈平行凸线，足饰云纹，以线条过渡，造型娟秀均衡。盆底印章，书："铁画轩"三字。

苏州李为民收藏。

【腰圆浅盆（民国）】(14.5×9×4cm)

腰圆造型，胎用紫砂，色泽纯正。口圈凸线，表面光润，底线过渡，足饰云纹。盆底印章，楷书："长春"二字。

苏州李为民收藏。

【瓢口浅圆盆（民国）】(口径13.5×5cm)

选泥细腻，色泽纯正，制作精工，表面光滑，足饰云纹，三足鼎立，古朴典雅，俊丽清秀，特具艺术特色。

苏州李为民收藏。

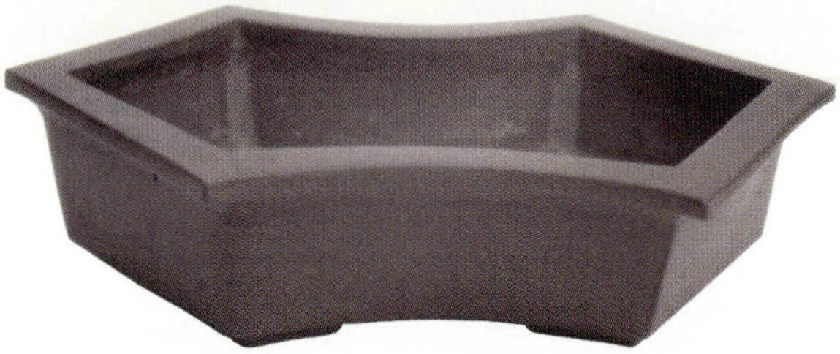

【菱角盆（民国）】(22×16×4.8cm)

菱角造型，形态逼真；平口直腰，底足条形。精工制作，选泥细腻。表面光滑，新颖倔奇。

苏州李为民收藏。

【瓢口海棠盆（民国）】(34×29×12.5cm)

漂口浅盆，海棠造型，大瓣小瓣，间隔相称，胎色绛紫，精工细润；足饰云纹，协调相称，是近代紫砂盆艺之精品。

苏州李为民收藏。

【桂花砂圆筒盆（民国）】（口径20×13.6cm）

圆筒紫红，掺桂花砂，米黄点点，似星闪闪；底设条足，盆足一体；口沿回纹，环饰一圈，秀雅娟娟，整体自然。

苏州李为民收藏。

【瓢口六角盆（民国）】（口径42×18cm）

胎色呈褐红，盆壁六面，三面刻梅、兰、竹。另三面书法篆、草、楷。敦实规整，书画并茂。

苏州戴立干收藏。

【梅桩浅盆】

梅树老棵，取其桩干一段，塑造逼真，形似天成。精工细泥，色调沉静。

【四方圆奎盆】

方形端正，盆口外沿回纹为饰；盆壁圆奎，刻书清晰，文笔犀利，刀刻遒劲，“古”风今韵，融汇一艺。

【茨菇千筒盆】

蒋蓉1963年制作。她是建国后的第一位女工艺师，作品以陈设观赏为主，以象形花器茗壶著称于世。在多种器皿上均有较高造诣，无论从造型品相、泥色处理等方面，都达到相当水平。

【白釉瓢口圆盆(民国)】(口径22×14cm)

选料用白泥，胎呈米黄色，外表烤施白釉，润滑光亮；盆腰和近底处，各有一圈凸线。足饰回纹，以线条过渡。盆底八孔泄水，中间为金钱五孔，周边设三个圆孔，独具新异。盆底印章，楷书："杨细春造"四字。

苏州李为民收藏。

【特大长方水底盆】(36×26×8.5cm)

此盆系原浙江美术学院教授缪文井设计并书画，当时能制作这样大的水底盆，已很不容易。缪教授以简练的笔意，描绘出"半潭秋水一房山"的意境，书画并茂，真是楚楚诱人。盆的造型凝重、敦实，面、足相合，质感自然。

潘善庆收藏。

【高千筒盆】

任淦庭，是专门从事紫砂刻绘、装饰工艺，是雕刻技术全面的艺人，其装饰画面以山水、花鸟为主。这只陶刻花盆，堪称一代之最。他运用了多种雕刻手法，以刀代笔，在紫砂盆这个壁面空间里，营造出一幅“奇峰叠嶂”的生动画面。如以此高千筒盆，种上一棵悬崖古桩，盘旋曲折，犹似一幅绝妙的高山翠嶂图。

【一棵印】

造型方整，壁面直挺、有力，像似一棵印章，形态逼真。由任淦庭先生书画、云石镌刻。书画均佳，自然活泼。

周鹏甲收藏。

【瓢口马槽盆（“文革”时期）】

“文化大革命”是一个畸形的怪胎，一方面对生产力极大地破坏，另一方面使一些艺术家可以潜心创作。这只芝麻泥马槽盆，由顾绍培先生设计。当时，无论制作或雕刻，是不准用真实姓名或字号，所有陶刻，一律用“红雨”。

王小东收藏

【喇叭盆】（36×29cm）

盆壁圆滑，上下一体，不设线条。盆壁彩绘《日升松杆图》，红日苍松，色差分明，具有“日上三竿风露消”的意境，这是前进的韵律，时代的脉搏。

苏州民间收藏。

【树段塑花盆】

截取古树老杆的一段为模型。姿态自然，造型逼真，壁面撕皮的一条伤疤犹存；用色泥堆塑的几支花枝，几朵蓓蕾，正是“暗香微度”之态。

【梅干盆】

截取古梅老杆的一段为模式。斑皮雕杆，截枝锯痕明显，一块树皮剥落，古朴自然。栽上古桩，有烘云托月之功；若栽梅花古桩，则更见古雅浑朴。

【微型盆（“文革”时期）】

苏州孙林森收藏。

【四方千筒盆（"文革"时期）】（8×8×28.5cm）

陈贵新制作。盆壁刻梅花，毛泽东诗歌等，为"文革"期间最时髦的活计，当时的艺术家是只有共性，全无个性。以此盆可再现当时亿万人同唱一支歌，齐跳一个舞，都说一样话的时代特征。

【梅花提篮盆】（10×6.5cm）

邵仲和（1919年生，号半陶）在20世纪60年代制作。篮提和盆壁，都以堆塑梅花的造型，劲枝柔条，繁花竞放；疏影横斜，暗香浮动。清静朴素，简繁共存。

王小东收藏。

【高形喇叭盆（"文革"后期）】

顾绍培设计、鲍志强刻绘。盆与足以色泽线条分辨，既分开，也调和。

【吊兰盆（"文革"后期）】

以此盆栽兰花，悬挂厅堂，清秀淡雅；形体饱满，线条清爽。

【中线浅盆（“文革”时期）】

造型特浅，拟似贴地；泥色纯正，做工精良。

【葵形盆（“文革”时期）】

任淦庭刻绘。葵花，向日而倾，“朵朵向阳”，是其自然特性，人称“向阳花”。葵形盆也是“文革”时期时髦作品。

周鹏甲收藏。

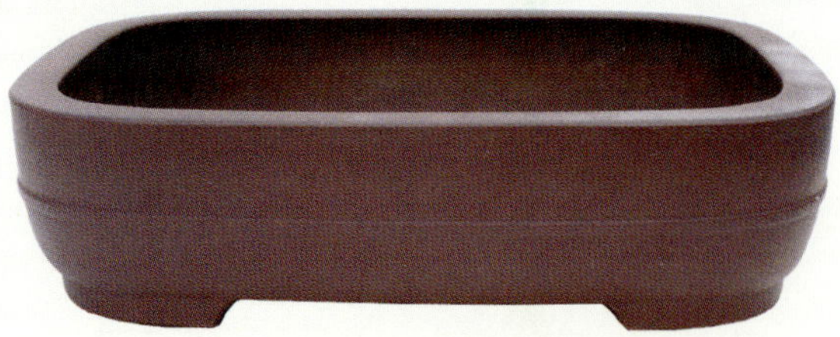

【扶角长方中浅盆（“文革”时期）】（36×28×9cm）

汭口段足，淳朴庄重，简练无饰，美观大方。

苏州李为民收藏。

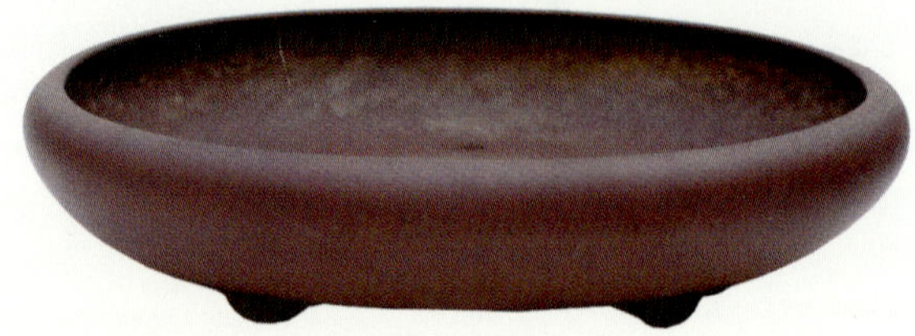

【腰圆汭口浅盆（“文革”时期）】（33×26.5×7cm）

造型纤巧，足饰云纹，盆面光润，娟秀欣人。

苏州李为民收藏。

【黑泥抽角长方盆（“文革”时期）】

（36×27×8.5cm）

纯净黑泥，精工制作，平整壁面，光洁无饰。底设六个泄水孔，间距适中，分布恰当。

苏州李为民收藏。

【汭口六角浅盆（“文革”时期）】（对边27×5cm）

六角规整，娟娟闲静，足饰云纹，纤纤精巧。

苏州李为民收藏。

【抽角长方浅盆（“文革”时期）】（39.5×22×5.4cm）

选料细腻，精工制作，造型朴素，不施纹饰，整体素雅简练。

苏州李为民收藏。

【瓢口长方盆（“文革”时期）】（48×37×10.5cm）
马槽造型，紫泥清纯，真挚坦率，乃扬雅韵。底设六孔泄水。
苏州李为民收藏。

【抽角云足长方盆（“文革”时期）】
（37×27×9.5cm）
型类马槽，抽角光面，底线云足，配置协调。底设六孔泄水。
苏州李为民收藏。

【中带云足腰圆盆（“文革”时期）】
（34×25.5×10cm）
精工细练，中带淳圆，足饰云纹，质朴无华。
苏州李为民收藏。

【上下带段足腰圆盆（“文革”时期）】
（39.5×32.5×11cm）
形式简爽，线条流畅，淳朴真率，古韵清秀。
苏州李为民收藏。

【抽角长方盆（“文革”时期）】（41×29.5×11cm）
涡口抽角，精细简朴，平面清脆，光洁纯净。
苏州李为民收藏。

【抽角长方浅盆(“文革”时期)】(37.5×28×9cm)
光壁平整，直线条爽，无华无饰，淳朴舒畅。底设六孔泄水。
苏州李为民收藏。

【抽角长方盆(“文革”时期)】(34×25.5×10.5cm)
纯真紫泥，色泽纯净，精美纯粹，淳朴庄整。
苏州李为民收藏。

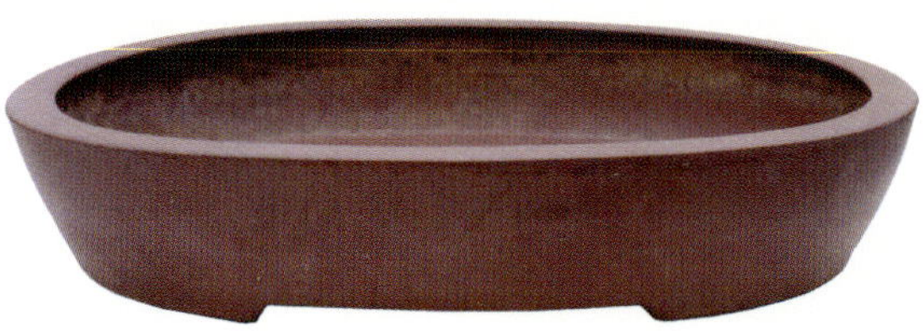

【腰圆段足盆(“文革”时期)】(50.5×40×9cm)
直腰涡口，连腰切足，自然舒畅，洪细入韵。
苏州李为民收藏。

【抽角长方盆(“文革”时期)】(48×34.5×10cm)
内口正方，外型抽角，美观端庄，清韵悠长。底设六孔泄水。
苏州李为民收藏。

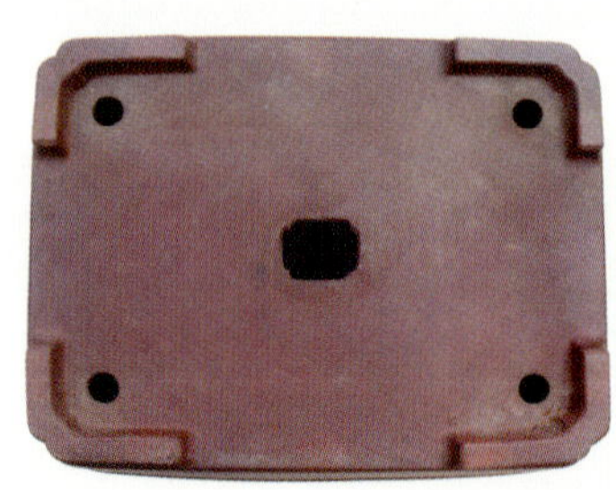

【涡口抽角长方盆(“文革”时期)】(38×30×13.5cm)
涡口抽角，精细典常，中线段足，配置纯朴。底设五孔，中孔方形偷角，自然典雅。
苏州李为民收藏。

【抽角云足长方盆(“文革”时期)】(36×28×13cm)

长方闪口，清爽利落；外形抽角，造型简朴；饰云纹足，匀称自若。

苏州李为民收藏。

【切角云足长方盆(“文革”时期)】(38.5×28.5×14cm)

切角平口，底线云足，不加修饰，质朴无华。

苏州李为民收藏。

【腰圆云足盆(“文革”时期)】(38.5×31.5×13cm)

平口腰圆，底线云足，净壁无饰，自然纯朴。

苏州李为民收藏

【条足鼓子盆(“文革”时期)】(口径32.5×9cm)

圆形涡口，鼓钉沿边；薄型条足，平接地面。是一只典型的鼓子盆造型。

苏州李为民收藏

【蒲包口腰圆盆(“文革”时期)】(44×34×10cm)

蒲口腰圆，纯朴舒爽，底足云饰，匀称相当。造型自然优美。

苏州李为民收藏。

【弧角长方盆(“文革”时期)】(19×14.5×5cm)
口线中带，不加华饰，凸线切足，清朴拙雅。
苏州李为民收藏。

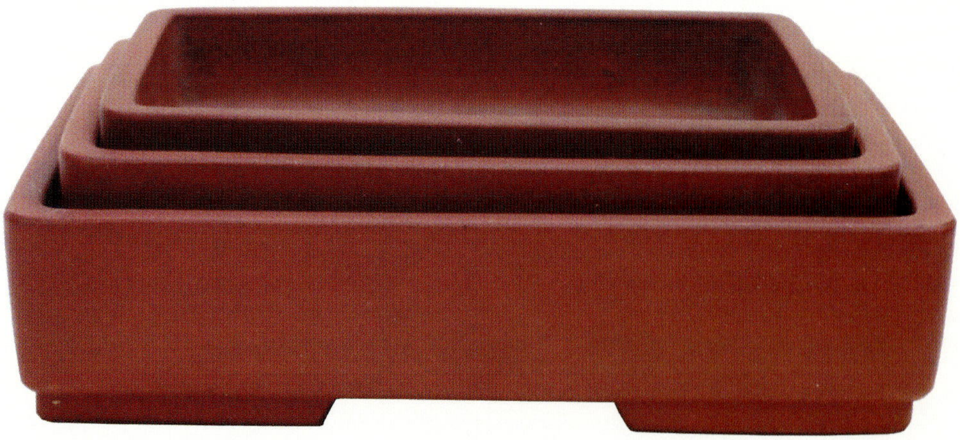

【长方浅套盆(“文革”时期)】(大盆14×11×3cm)
一个模型，三盆相套，一式容止，概括全貌。
苏州李为民收藏。

【中带圆浅盆（"文革"时期）】（口径15×4.5cm）

腰饰中带，光洁细润，肌理清爽，云足相衬。

苏州李为民收藏。

【八角浅盆（"文革"时期）】（对边16×4.5cm）

八角造型，八边八面；切足连腰，平滑光润；八角玲珑，简洁清新。

苏州李为民收藏。

【平口琵琶盆（"文革"时期）】（34×16×5cm）

异体造型，更显异姿，形若琵琶，铮鏦交集。岂伊异器，异则异物，异形异声，紫砂韵律。

苏州李为民收藏。

【菱花浅盆（"文革"时期）】（18×18×3cm）

奇型畸形，边不均衡，影如菱花，称菱花盆。制作精工，光洁清润，紫砂器之精品。

苏州李为民收藏。

【白泥圆盆（"文革"时期）】（口径13×6.3cm）

精选白泥，纯洁精细，浅米黄色，清净雅致。

苏州李为民收藏。

【云足菱花盆（“文革”时期）】（14×10.5×6cm）

型如菱花，盆腰圆形，云纹中足，昭著彰明。底地间空隙宽绰。苏州李为民收藏。

【涡口竹节盆（“文革”时期）】

〔口泾13.5（底泾15.5）×4cm〕

简单的线条，已清楚描绘出竹的形态；盆底三足，边饰竹节纹，取段竹之义。造型精美、细致。盆底中央圆奎，盖有两颗印章。大印隶书“中国宜兴”四字，小印楷书“沈惠芬”三字。

苏州李为民收藏。

【超高圆筒盆（“文革”时期）】（口泾15×17cm）

超高圆筒，类同千筒，三足鼎状，底隙宽畅。光壁清润，无华无饰，简洁清爽，朴拙大方。

苏州李为民收藏。

【五线长方盆（“文革”时期）】（19×13×5.5cm）

方口直腰，平饰五线，清净利落，技艺精巧。尤以切足饰双线，设想鲜见，艺术精到。

苏州李为民收藏。

【切角长方盆（“文革”时期）】（17×11.5×3.5cm）

平口切角，底线利落，足饰外向，老款新颖。

苏州李为民收藏。

【蒲包口腰圆浅盆（“文革”时期）】（14.5×9.8×3cm）

蒲口造型，浅显均衡，端庄安详，无物比伦。

苏州李为民收藏。

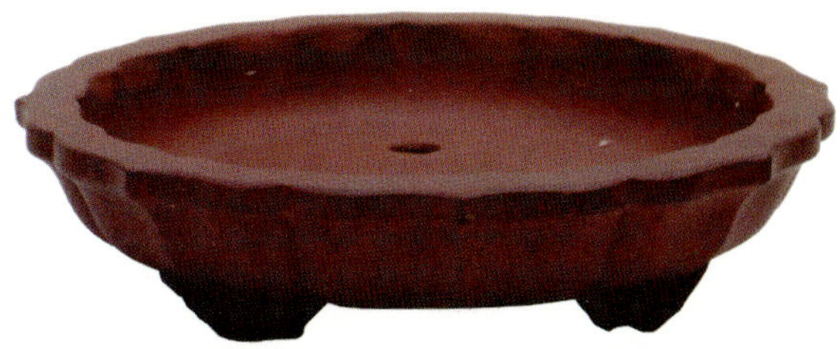

【矮菱花盆（“文革”时期）】（口径14.8×3.5cm）

菱花，是紫砂造型的一种形态，似花，非花，这仅是一种工艺概念。该盆体形不高，制作精巧，有疑是，非是，亦似亦非的艺术技巧。

苏州李为民收藏。

【腰圆兽足浅盆（“文革”时期）】（15×10.5×3.4cm）

腰圆盆口，盆壁划设四个长方形凹奎。底设四足，饰兽头纹，仪表典雅，朴而不艳，造型简洁，制作精工。

苏州李为民收藏。

【竹节圆盆（"文革"时期）】（口径16.5×4.5cm）

劈竹环圈，弧形凹腰；竖纹竹节，口底纹接；形式雅丽，衔华佩实，显示了紫砂器的独特韵味。

苏州李为民收藏。

【瓢口长方盆（"文革"时期）】（15.5×11×9cm）

瓢口深腰，四面凹奎，条足段正，简朴颖秀。底有小印章，行书"玉勤"二字。

苏州李为民收藏。

【竹段盆（"文革"时期）】（口径15.5×4cm）

型取竹杆一段，竹节为底，底沿饰竹节纹一圈，盆底段足，饰竹节纹两圈，款式新颖，风仪秀整，独具特色。盆底有小印章，字迹不清。

苏州李为民收藏。

【直筒鼓形盆(“文革”时期)】(口径14×4cm)

直筒鼓子盆，浅浅已逗人，景花均可栽，欣欣入画屏。
苏州李为民收藏。

【蒲包口圆腰盆(“文革”时期)】
〔口径10(腹径12)×5cm〕

色泽鲜明，线条清新，造艺练达，光滑细润。
苏州李为民收藏。

【四竹方盆(“文革”时期)】(10×10×7cm)

方形造型，角饰四竹，四面刻绘，书画相间。前刻新竹枝，背雕海棠花，两面草书，笔力秀润，风韵新颖，造艺秀劲。

苏州李为民收藏。

【圆吊兰盆（“文革”时期）】（口径9.5×提高9.5cm）

圆滑光润，不加华饰，整体成一圆球形状，独具一种纯粹形态之美韵。

苏州李为民收藏。

【平口圆盆（“文革”时期）】（口径14×6.8cm）

平口圆形，底线云足，精巧玲珑，质朴无华，整体线条简单、流畅。

苏州李为民收藏。

【圆筒竹节盆（“文革”时期）】（口径11.5×14cm）

深圆筒形，底足一体，无线条过渡，切足自然；中腰竹节纹，环绕一圈，秀丽雅朴，秀色娟娟。

苏州李为民收藏。

【蒲包口直腰盆（“文革”时期）】

（口泾11，腹泾13×5cm）

泛色清脆，造型精到，口、沿、肩、腰、底，都以凹凸线条过渡，流畅圆转，卓尔闪耀。

苏州李为民收藏。

【如意方盆（“文革”时期）】（10.5×10.5×7cm）

方口直角，角外塑如意头凸纹，周边及口沿，饰如意形点纹。底带、切足，线条过渡。朴雅精巧，新意叠增。

苏州李为民收藏。

【桂花砂扇形盆（“文革”时期）】（14×6.2×8cm）

折扇造型异常，掺砂紫泥耀星光，种花栽景皆相宜，异彩奇景相隐映。异形奇型，特具情趣。

苏州李为民收藏。

【竹节长方盆("文革"时期)】(18×11×3.8cm)

取型竹段，四段聚合，形若一捆，造型逼真。四角腰、足，底足一体，饰竹节纹，形式新颖。苏州李为民收藏。

【蒲口长方盆("文革"时期)】(17.5×6.8×3.5cm)

蒲口长方，宽肩清长，鼓腹高足，足饰云纹，线条流利顺畅。口、沿、肩、腹、足，形成了统一的整体，这种相辅相成的造型哲学原理，正是造型艺术独特匠心，精心组合的艺术精粹。

苏州李为民收藏。

【微型盆("文革"时期)】

苏州李为民收藏。

四、多姿多彩的现代盆

自从中国实行改革开放的政策以来，人们的精神面貌焕然一新，蕴藏在群众中的创造活力，像火山一般喷发出来，紫砂盆艺是百品竞艳。尤其是进入21世纪，可谓是推陈出新，百花齐放。

造型上，一方面承袭产品的传统形式，另一方面争奇斗艳，设计各式新颖产品，除各种几何形的形状之外，还在口面、盆壁、盆底、盆托等部位变化，葫芦型、酒杯型及各种不规则型，随着工业发达，泥矿的大量开采，以及烧炼的现代化、电气化，制作口径1.5m以上的特大盆或微型盆，都是方便自如。最大的盆口径可达2m，也有特小的微型盆，一个掌心可置放十数只，也称“迷你盆”。

色彩上，有的也用多种泥料变幻出多彩的艺盆世界；有的研制多种釉色，点缀美化；也有的在雕、塑、镂、刻、划、捏、堆、贴上下工夫，使紫砂盆艺竞艳斗彩。

表情达意是当今紫砂盆艺的精神脉络，当代艺人善用“取长补短”的手段，有的从书画印章的手法嫁接过来，有的从漆雕、玉雕、石雕中找意象，也有的从瓷器中找灵感等，从各个兄弟艺术门类中寻找意象，使紫砂盆艺成为独特的，具有深沉内涵的一种艺术载体。

【芝麻砂圆线盆】

顾兆培制作。用芝麻泥作盆体，细腻中见粗粒，似布非布，似纸非纸，肌里效果丰富，再现紫砂材质的绝妙美感。宜兴陶瓷博物馆藏品。

【铺砂螺盆】(16×8cm)
李昌鸿、顾绍培制作。

【微形鼓盆】
顾绍培制作。造型敦实,自然、朴素、大方,色泽调和。宜兴陶瓷博物馆藏品。

【菱形长方瓢口盆】
顾绍培制作。1983年获奖作品。

【圆案头盆】(16×6cm)
李昌鸿制作。

【印纹八方吊兰盆】(通高4cm)
沈巨华制作。花盆为矮八棱柱形,泥色绛紫。口沿、底边和双耳饰竹节纹,以示为篮。器壁主面,饰具有剪纸风格的粉色泥花纹。宜兴紫砂工艺厂收藏。

【十六竹大千筒盆】

北京中南海紫光阁陈列品。顾绍培1987年制作。盆像竹拼，一十六根，劲节中空，独具清韵。笃厚坚实，形似丝编，若简若策，古风盎然。

【一颗印】

施小马制作。造型端庄，肃肃正方；书画刻绘，不施色彩。色泽纯正，简朴自然。

【口线回纹木瓜盆】

徐乐平制作。盆色褐紫，形态饱满，盆壁周身下腹微鼓，比例恰到好处；盆口敞开且围边，其下饰以回纹；如意云足，伸展自如；泥中掺砂，使其质朴遒劲。

【调砂六角方千筒】(通高14cm)

顾绍培制作。这是一件栽种悬垂式的签筒形花盆。盆的角面挺括,凝重古朴。采用紫泥掺砂铺点的工艺,使器面装饰,犹如繁星闪烁。

宜兴紫砂工艺厂收藏。

【高六方瓢口盆】

2000年设计、顾绍培制作。盆壁转面色绘《空山新雨后》,天高气爽,远山高松,涧水浩淼、小舟荡漾,一副清新舒畅的景象,令人心旷神怡。

【千筒盆】

鲍志强刻绘。盆壁四面,书画相间,文词图画,刻工精到,衬托出栽景种花的逸兴。

【涡口六角盆】(左)、【梅花如意盆】(右)

程辉制作。盆口塑梅花造型,瓣上铺砂,似星光闪耀;足饰回纹。配置精制红木几座,色泽调和、统一,上下一体,精工独到,真是称心如意。

【六方盆】(左)、【四方千筒】(右)

沈汉生刻绘。盆壁六面,书画相间,刻绘恰到,意趣自然。周鹏甲收藏。

【八角方形盆】(8×8.5cm)

何道洪制作。

【大一颗印】

1984年制作，鲍志强刻绘。壁面是一幅《桃花燕侣图》，远处燕双飞，近则燕比栖；桃花盛开，春满人间，生动活泼，情趣自然。

【圆筒连座盆】

何建华制作。在制盆的同时，将底座、几架一道设计制作。这给盆艺界提出新的思考，几架的大小、形状、色彩、比例，都要和盆、景形成一个统一的整体。此盆在这方面做得比较周密，盆以淡色为主体，上下用深色紫泥相滚，层次显明；几架的造型也显得大方、厚实。

【高祥和三足盆】

1995年设计，顾绍培制作。适于小悬崖式、临水式桩景的栽植。

附：宜兴历代紫砂盆器款识录

陈鸣远制

阴刻

阳刻

陈文居制（华亭，长春）

陈文卿制

陈曼生

陈甫生（宜兴）

陈克明

陈贯粟

葛明祥

陈鼎和

阴刻

阳刻

陈恒丰

阳刻

阴刻

阳刻

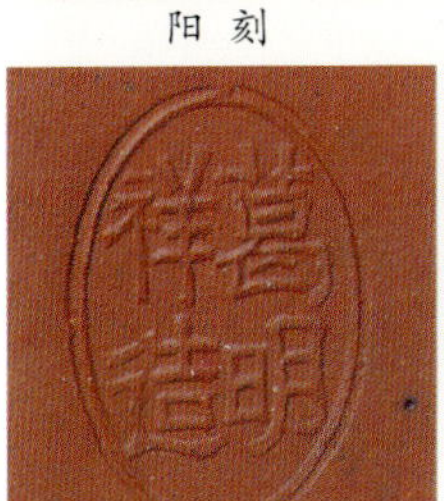

阴刻

阳刻

阴刻

葛沐春

葛德和

德 根

葛明昌

徐友泉

阳 刻

阴 刻

吴芝莱

徐正夫

吴天成

吴恒丰

吴德盛

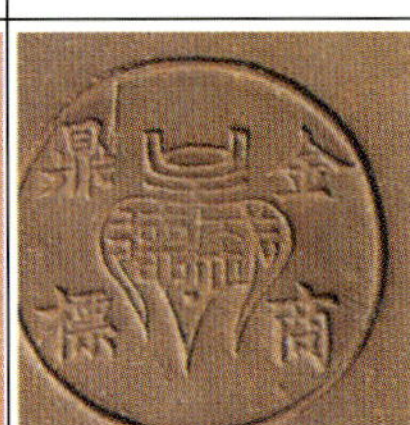
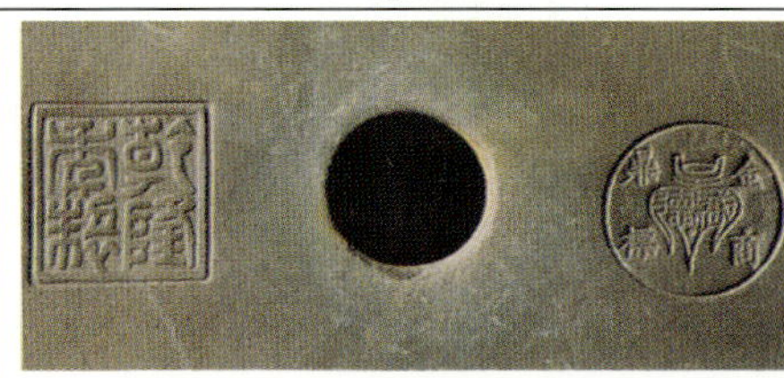

阴 刻

阳 刻

鲍源兴

鲍登记

鲍星宝

鲍新宝

钱炳文

钱子馨

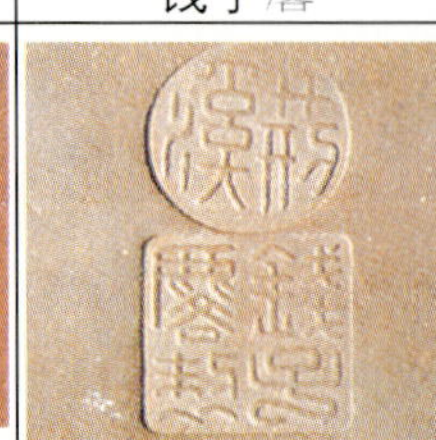

钱子瑞

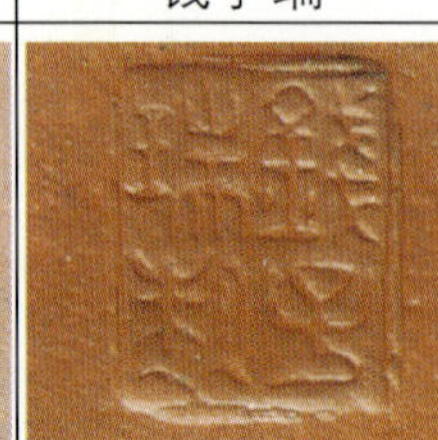

钱集成

蒋遥侯

阴刻　阳刻

蒋世龙

阴刻　阳刻

万丰顺

万宝顺

朱位金记

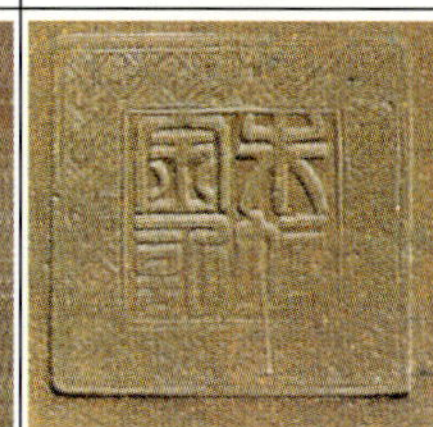

树芝程

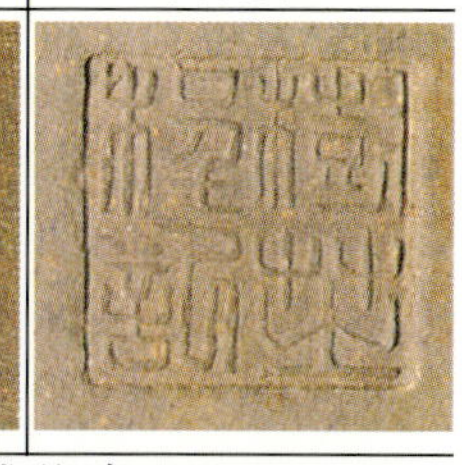

冀　记

鼎　记

集成仿古

太　记

子林仿古

诚记图章

绍明仿古

阳刻　阴刻

萧绍明

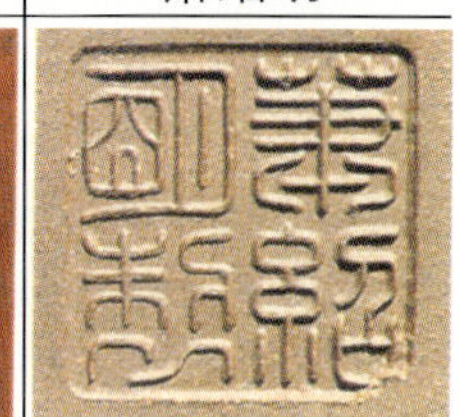

彭　记

阴刻　阳刻

彭楚山

阴刻　阳刻

荆溪川石山人

访雪山人

访雪道人

爱闲老人

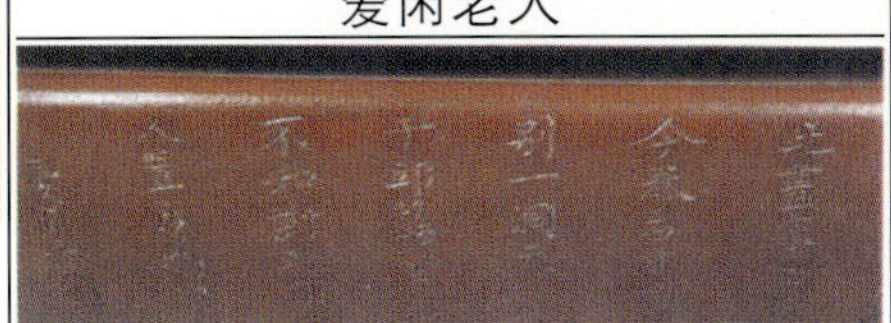

大心道人

月色横空
花阴满庭

高　德

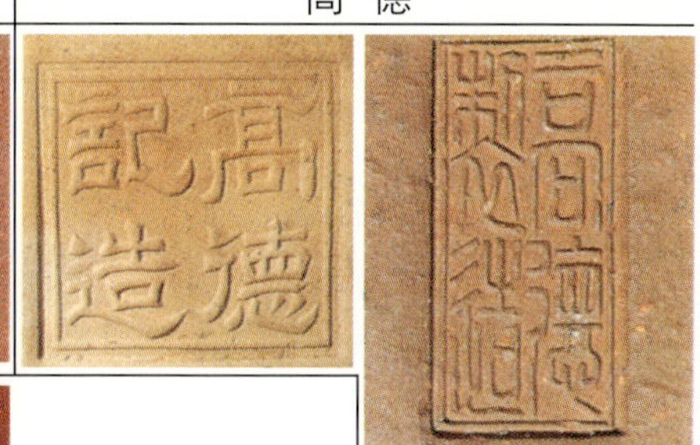

伍方谷

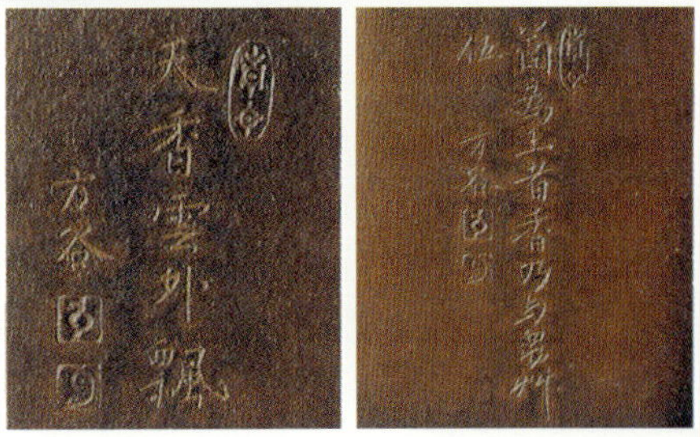

德根自造

德新、江德记

荆溪逸士

寄石山房

铁画轩

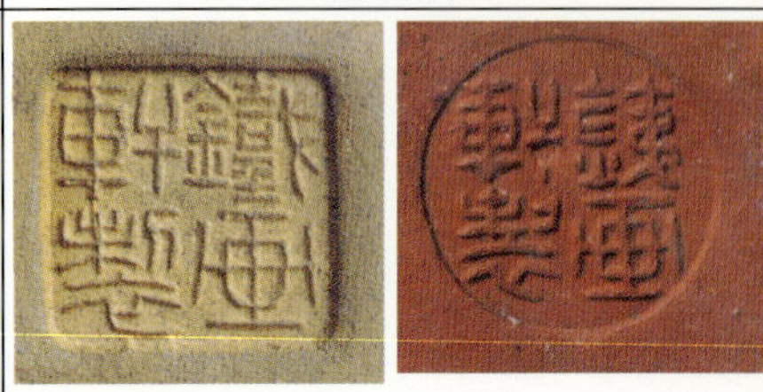

陶 厂

欧其位

柏 寿

振 新

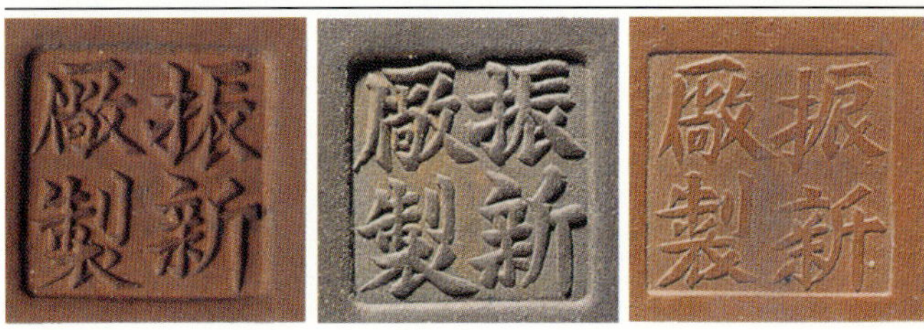

尚古堂

留 佩

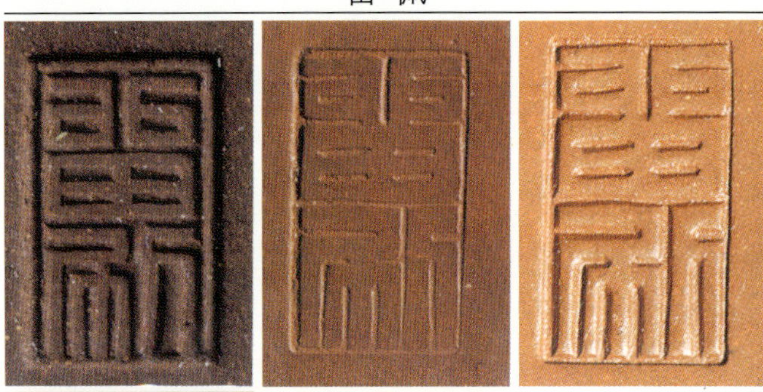

阴 刻

阳 刻

长 春

珠 佩

阴 刻

阳 刻

天香阁

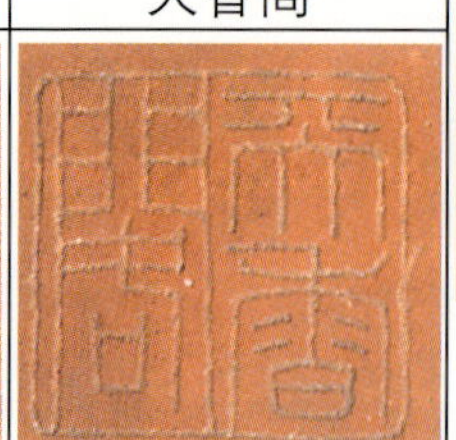

宏整轩

阴 刻

阳 刻

为善最乐

逸公　戴氏玉屏

阳刻　阴刻

王秧摹制　素存堂　阿曼陀室　强义海　支宝丰　丰州

宜兴松亭　阳羡友兰　树滋　东宝公

阴刻　阳刻

宜兴紫砂　宜兴紫砂茂记　宜兴　阳羡紫砂　冶陶

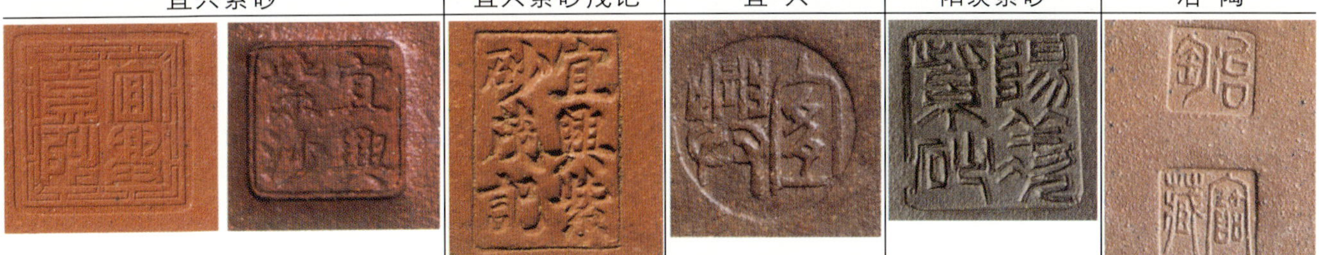

阮康制造商行　松高　崔　蕴　荣赞

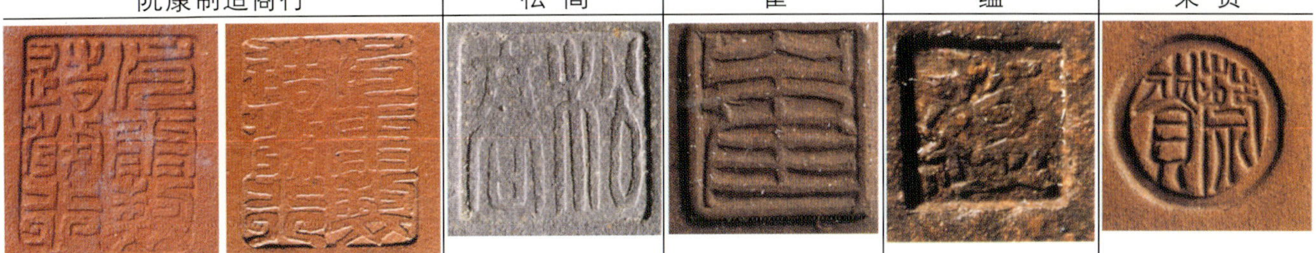

阳刻　阴刻

杨季初　顺小　盘奎　义高贺　荆溪起龙削古　龙文印

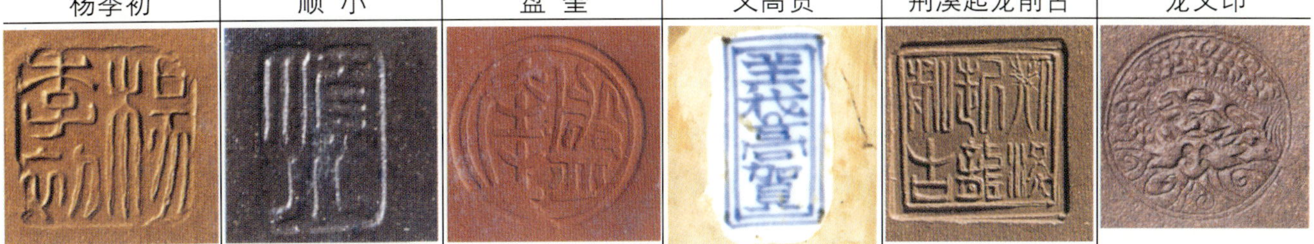

配 置 篇

一、配置五大原则

盆景，顾名思义是盆中之景，即在盆中栽上古树老桩或花木植物，作为景观，可以观赏。有景必有盆，紫砂花主要有两类作用：一类是供于几桌、案头作摆设，以供观摩欣赏，这以小件为主；另一类是用于盆栽、盆饰，即栽植各种类的树桩或花木，称为树木盆景。无论是何种类型的盆景，景是离不开盆的，盆为景的载体。所以，紫砂花盆必须与盆中景物协调一致，和谐配合。从盆的角度上来说，它是主角，从景的角度上去看，它又是配角，盆与景是处在一种相辅相成、互相映衬、密不可分的关系之中。假使景没有盆的衬托，最好的景，它只不过是一段树桩，与弃之山野路旁的残棵朽木没有区别；只有选配恰到好处的盆，栽植其中，它才会挺直腰杆，进堂入室，步于殿庑，显示出堂皇高贵，流逸出非凡气韵。一般而言，选盆有五个方面的原则。

（一）以景选盆

以景选盆，是指一棵绝妙的桩景，根据桩形姿态，必须选配一只最佳的盆盎。

盆在盆景中有着重要的作用，盆景艺术家在制作每一棵得意的桩景时，往往会耗费很多的精力去选取最佳匹配效果的盆盎。周瘦鹃先生生前，珍藏有许多大、中、小型的宜兴紫砂花盆，还有许多"形形式式，各各不同的紫檀、楠木、红木几座以及枣木、黄杨木的树根几"，"跟古盆配起来，古色古香，相得益彰"。所以，盆景的配置应在景、盆、几三方面都严格要求，掌握分寸，从而制作出整体艺术效果良好的盆景。

【秦汉遗韵】近500年树龄的圆柏盆景"秦汉遗韵"，是苏派盆景的代表作，桩高170cm。主干枯雕，皮层卷生，侧生枝代替主干，古朴苍老，上部却披绿挂翠，枝叶繁茂，生机勃勃，既展现着一幅美丽的画面，又蕴含着幽深的诗意。1956年，由盆景艺术大师朱子安接管，翻栽入明制大红袍莲花盆，呈现一种顶天立地之势。几座是元制青石九狮礅。古桩、古盆、古礅，配置协调，互相衬托，历史记载有"撼风霜"的品评。

【深潭汇群蛟】用一棵丛生的小叶金雀，以盘旋迂回的枝条来寓意群蛟聚集于深潭之中，作者用超高“金钟盆”，这一群玉洁的枝条，盘聚于一盆，犹如群蛟会聚于深潭中吸水，大有兴云作雾之势，名曰“深潭会群蛟”。盆口外漂，增加“群蛟出水”的气势；假如用平口或窝口盆，就显得十分逼促、压仄，其势其力也就荡然，不得张扬。盆底用衣钩足，与枝条曲折变化，相辅相成，恰到好处。

【金雀闹春】近代盆景艺术大师周瘦鹃先生的遗作。以金雀花为树材，树龄60年。原是一小棵，随着棵株的长大，1981年翻栽入清制宜兴紫砂斗方盆，配以方形红木几架，古雅奇巧，年年开花，金英满枝。尔后，又经翻盆，整理根部，上部进行改变制作，配以海鼠釉古盆，搁置圆形高几之上，开花时，盆与花的色彩展现显著对比，增添“吉庆祥和”之意；春日，群花竞放，呈现一派闹春之意，因名。

【大风歌】汉高祖刘邦称帝后，雄霸当世，回到故乡，高唱《大风歌》：“大风起兮云飞扬，威加海内兮归故乡，安得猛士兮守四方！”这棵榆桩，树龄70年，桩高70cm，所有枝干欹向一边；从这棵树桩上仿佛看到刘邦那种踌躇满志、击筑高昂的英雄气概，因命名“大风歌”。对于这样一个题材的盆景，作者选用长方浅盆，首先盆的色彩赭红，与树桩干色基本相近，从视觉效果上来讲，上下协调，而是以盆衬景。用长方形盆、盆底条足、较长，显得刚正、方直，这样就显得根基稳重，任尔多大风力也休想掀翻，这与大风歌所要表达的主题思想吻合。

【中国龙】众所周知,中国人是龙的传人。在中国古代传说中,一种有鳞有须,能兴云作雨的神奇动物,称“中国龙”,而只有中国独有此说。这棵株高94cm的对节白蜡桩景,屈曲绞纽,若动若游,其形似龙;树干傲立,亦若龙头;郁郁葱葱,其势似欲在腾踔太空,树冠喷薄如雷风。配植用一只超长长方浅盆,搁置于书卷长几之上。显著突出桩根屈曲,起伏游动的姿态,因此亦命名“中国龙”。盆形端庄,线条简单,色泽朴素,简朴大方,与盆与几,配置得体,以盆衬景,协调一致。

(二)以盆配景

以盆配景,是指有了一只理想的好盆,根据盆的造型、色彩,必须选配一棵形态合适的桩景。

【画意盎然】用一只漂口斗方盆,虽是双色夹嵌,而色彩素净;壁面色绘老杆垂挂,枝上栖息一鹊嬉戏。选配一棵150年树龄的老榆古桩,桩干透漏嵌空,临水悬垂,飘长110cm。盆中景,盆壁画,景、画两相映;景悬垂,画悬挂,垂、挂两相衬;构成一幅“景盆互衬,桩画合一”的画图。引明·袁宏道《入盘山》诗“分明真山子,的的有画意”之句,曰“画意盎然”。

【道骨仙风】用一只扁鼓形圆盆、窝口，盆壁刻绘简单的山水，类同素描。选配一棵有20年树龄的五针松，杆高84cm。树杆斑剥，坚挺入云；顶冠稀枝疏叶，叶色葱翠，然后一虬枝翻转而下，探头飘甩，具有“飘飘欲仙”之态。饱含“高风亮节”的气概，对于这一类盆景，行家称为“君子树”。因赞以咏：“高高瘦杆倾又斜，疏枝散叶戴冠绿；豪迈飘逸惊仙子，道骨仙风人人夸。”

【听 蝉】用一只特浅圆形盆，配栽15棵粗细不一，高低参差的杉树，树龄5年，最大一棵高140cm，枝繁叶茂，组成一盆“丛林式”盆景。特浅的圆盆，盆边几乎贴近地面，这就可以突出杉树的高大、修硕，以及盆土、青苔的宽垠、厚腴。激发人的“听得蝉鸣心更幽”的思乡之情，联想翩翩，回忆童年，因有咏：“林空色暝莺先去，浅夏指暑蝶未游；更忆帝乡千万树，深林清静听蝉鸣。”林中寄情，使烦躁的心，沉入虚静淡泊的自然境界之中，与山水、与树木共存，达到情境交融、物我浑然的境地。

（三）大小恰当

大小恰当，是指不管是以景选盆，或以盆配景，必须做到景与盆大小、比例切当，切忌侧重侧轻或偏大偏小的现象。

【黄山碧翠】是一棵已有120年树龄的大悬崖式刺柏古桩，垂长118cm。这棵怪柏，展现着黄山奇松的神韵，因名“黄山碧翠”。配以超高千筒盆栽植，搁置于高脚红木方几之上。栽根盆中，突出根棵，挂杆盆外，凋杆挂绿；枯峰显现，绿梢翠翠；怪柏奇景，与盆壁刻绘《喜鹊登梅》图，互相映衬，景盆比例适当，获得了良好的观赏效果。

【东岳魂】是一棵已有600年树龄的侧柏古桩，桩高90cm。东岳，是泰山的别称。山林多松柏，侧柏是当地特产长寿树种。这棵古桩，桩干朽凋，枯峰突出，半边干皮存活，形态优美。树冠层层枝片，参差高下，自然典雅，故命名"东岳魂"，以此泛指东岳精神的代表。配栽于端庄大方、素雅简朴、色彩柔和的长方浅盆中，突出了枯峰、翠冠，枯纹舒展，绿影清扬，舒眉展现，倩影俏丽。给观赏者一种庄重、清秀、古朴、自然的感觉。

（四）高矮相称

高矮相称，是指按照景的造型，选配合适的盆盎，有高矮之别。必须做到景衬盆、盆托景，景、盆一致。

【翠叶常春】有一棵80年树龄的瓜子黄杨，树高72cm。直干粗壮，枝叶繁茂，四季常绿，青翠可爱，因名"翠叶常春"。配植于赭红色瓢口圆形浅盆。盆浅、口瓢，显示出根、桩、干姿态，玉洁欣人；葱翠的树冠，清凉的倒影，与盆口宽度，垂直比例、大小，恰到好处。摆放在书卷几上，仪态端庄、俊秀、朴素、大方，透逸着自然的气息。

【豁达大度】有一棵凋干斑皮，已120年树龄的榔榆，桩高56cm。这棵"斜干式"桩景，也称"卧干式"，至于其姿态，可用"古桩皮里木朽空，通达晓畅内宽宏；逢春斑皮萌新芽，新枝绿叶更繁华。"四句话来详尽表达。因名"豁达大度"。栽植用一只赭黄色广口浅圆盆。盆上景色裸露，盆面铺饰的青苔，厚绒翠碧，或浓或淡，与盆色既有分辨，也是协调，既鲜明，又和谐。浅盆浅栽，突出景观；桩干斜卧，伸出盆外，梢枝回甩，重心集中于盆内，不会出现外倾，所以也不嫌盆小。

【嘉木参天】 用五棵20年树龄的连根榆树，最大一棵高116cm。因树干玉洁温润，聚一盆而参长，借引唐·杜甫《古柏行》诗“霜皮溜雨四十围，黛色参天二千丈”句意，名曰“嘉木参天”。浅圆盆，盆口内涡，配置一木段型薄片，代几座，形体不高，贴近地面，这特别显出树木的高大仪容和风采。直干高景，浅栽露窠，端正肃立，就盆面紧凑，也不易发生倾斜，这是直干式桩景的最佳优点。

【飞流直下】 是一棵只有15年树龄的火棘为素材，飘长118cm。以这棵特长而松散、俊逸轻飘、自然活泼的甩梢，借引唐·李白《望庐山瀑布》诗“日照香炉生紫烟，遥看瀑布挂前川。飞流直下三千尺，疑是银河落九天。”之句意，名曰“飞流直下”。用高千筒盆配栽，根窠露出盆面，再配置高脚花几。更显突出悬崖峭壁，垂杆悠扬，临空飘洒，绿影荡漾。这是悬崖式桩景选配盆盎的成例和思路。

（五）色泽调和

色泽调和，是指盆的色彩，应是素雅大方，与景的色泽协调；盆的壁面适当刻书绘画，也可以增加景色，激发情趣，但要避免用华丽的色彩装饰，过度华丽的修饰，则易造成喧宾夺主之嫌，

【罗汉魂】是一棵具有160年树龄的罗汉松古桩，桩高98cm。干皮已完全剥去，形成一棵白杆；根衔顽石，斜干屈伸，顶冠两片新叶翠绿，更显奇趣，表现出罗汉松的强劲精神气质，因名“罗汉魂”。选配一只赭红泛紫的六角深盆。盆底用同色紫砂泥堆塑梅花干枝状盆足，枝蔓向上，以凸纹延伸到壁面的一侧，枝上四朵花蕾，含苞怒放，疏影横斜，微香隐动。以足代几，别出心裁。景、盆相称，新意欣人。

【伟岸如仪】有一棵80年树龄的榔榆老桩，桩高60cm。直干壮实，风骨伟岸，冠盖青葱，仪态丰满，因名“伟岸如仪”。选配一只赭黄色瓢口圆盆。盆壁刻绘，线条简单、清晰，广口外瓢，桩景根骨裸露，直干窠根，斑剥中浅显淡黄色。下置精制红木圆几。景、盆、几三者既明显分辨，也是色彩调和，配置思路合适。

【舞　韵】有一棵50年树龄的雀梅老桩，桩高56cm。斑皮凋干，屈曲妖娆，树干清亮润泽，屈干弯曲回旋，柔枝绿叶轻飘，飘摇宛若轻舞，雅韵时抑时高，因名“舞韵”。按照这样一种景色姿态，选配一只赭红色涡口圆浅盆。盆口内涡，更显露出“舞”的韵味。底座配置精制红木镂雕圆几。景、盆、几三者一体，色彩和谐，韵律自然，组成一幅优美的“舞韵”画面。

【森森古柏韵】再有一棵100年树龄铺地柏，老干直立、畸突，旁出树枝歧巧，最长一枝甩长134cm。树冠翠叶森森，独具古韵，因名“森森古柏韵”。选配一只浅赭泛黄的瓢口浅圆盆。景、盆色泽和谐，盆壁刻书14字，刀笔遒劲，简单朴素。外漂的盆口，映衬着对宽阔垂枝树冠的承托，配置精制红木圆几。诗情画意，脱颖而出。

二、配置典型例证

根据配置五大原则，紫砂盆艺与盆景要想配合协调，必须做到：以景选盆，以盆配景，色彩和谐，形态互映；景盆相照，大小均衡；远近高低，比例恰当；不落俗套，追情逐韵。无论是以景选盆或以盆配景，因景、因盆造型，各有悬殊，是没有定式和规定尺寸可遵循。所以，对于景、盆的选配，配置原理很简单，更多是"经验"二字，并从"审美"入手。以下列举十八例典型配置供读者鉴赏参阅。

【崖壁寻幽】锦松，70年树龄，垂长86cm。这是一棵形态离畸，景色优美的大悬崖式桩景，"苍干嶙峋悬空挂，翠叶簇簇蓬松松"，因名"崖壁寻幽"。配用超高瓢口圆盆，盆壁简洁，不施修饰，凸出窠根，拳根虬蟠。座配精制红木方几，伟岸耸秀，气韵清峻。

【枯台洒新绿】是一棵90年树龄的鸭舌黄杨枯桩，桩上两根枯枝，长的甩长88cm。经"几朝春风润泽，枝梢冒出点点新绿"，因名"枯台洒新绿"。配用赭黄色圆筒盆，盆壁刻书、刻画，线条流畅，素雅。风采清越，貌飘飘而欲飞。

【六朝留韵】三国的吴、东晋，南朝的宋、齐、梁、陈都以建康（今南京）为首都，因称六朝古都。这110年的刺柏，桩高104cm。无论是造型姿态或人物配置，都蕴含着六朝的神韵，故名。选配一只暗赭色漂口浅圆盆。全景显现，色泽清莹。底填芦帘，以帘代几，朴素沉着，简单柔顺。

【横斜生色】 一棵80年树龄的罗汉松，桩高58cm。这棵凋干老桩枝叶俏丽，翠嫩绿芽散缀树梢，青里泛绿绿泛翠，或横或斜，因名"横斜生色"。盆用六边窝口，左低右高异形浅盆。配以红木长方矮条几。巧拙相当，凸出景象。

【物华天宝】 这棵临水式榆桩，70年树龄甩枝长120cm。上面顶冠傲然，下面枝片横展，自然、潇洒、清秀、葱绿、洁净、美观，因名"物华天宝"，语出唐·王勃《滕王阁序》"物华天宝，龙光射牛斗之墟"之句。盆用八角瓢口方形盆，底、足用深色紫泥相滚，两圈凸线；配精致红木方几，层次分明，临水景色特显。

【奇柯弄势】 是500年树龄的刺柏，桩高116cm。桩干枯凋，头角峥嵘，展示历经岁月沧桑；干侧一枝，生机勃勃蓬长，自然舒展，因名"奇柯弄势"。用盆、配几，端庄规整。

【巍然峭峭】 是一棵300年树龄的侧柏，桩高90cm。峭峭干上翠枝茂，宛似层层碧玉妆，因名"巍然峭峭"。盆、几素雅，浅盆矮几，突出凋干残枝，青葱树冠，秀披景色。

【盛世波涛】一棵60年树龄的临水式老松，甩长80cm。是历尽乱世的劫难，特别经过曲折的过程，进入盛世，则新芽竞发，翠针青葱，风撼针叶，声如波涛，因名“盛世波涛”。深盆高几，色泽调和，刻书素饰，配置得体。

【祥 云】一棵40年树龄的黄杨，用棕丝将枝叶攀扎成片状，薄如浮云，可以随风飘荡；一顶两叶，左右对称，因名“祥云”。栽于赭色瓢口正方盆中；座配红木矮几，尺寸与盆底相称。突出整体景观，庄重端正。

【绿云倒卷】一棵树龄18年的榔榆，屈曲悬垂，飘挂100cm。树棵倒悬，虬根盘缠；条条玉根，蟠似玉筋。干上绿叶，似朵朵绿云，荡漾倒卷，因名“绿云倒卷”。选用超高瓢口圆筒盆。口外沿、盆底，滚以深色紫泥，壁面浅色，刻绘《高山深涧幽居图》，配以红木精雕圆形几，组成高山悬崖，绿云倒卷的优美景象。

【楚天雄风】是一棵80年树龄的对节白蜡，桩高94cm。这棵棵干重翠，雄风拂槛，原产楚国地域的老桩，借引唐·杜甫《暮春》诗“楚天不断四时雨，巫峡常吹万里风”句意，取名“楚天雄风”。景、盆一色，素雅中蕴含俊秀。座配深色镂空书卷几，相称相配，更添气势。

【苗岭情】苗岭，在贵州南部，富产杉、楠等木材。这棵火棘，树龄50年，桩高54cm。造型采取楠木姿态，仿照川派风格，古朴雄奇，因名"苗岭情"。盆、几配置，色彩朴素，既有别，又和谐，衬托着既临水，又折回的屈干和飘洒自然的川派造型。

【赤珠呈瑞】南天竹，常绿灌木，茎丛生、直立，质坚细，枝叶扶疏；五六月开小白花，结果成簇，二月果熟，浆果、球形，鲜红艳丽，经霜不凋，这滴血般的赤珠，灿烂夺目，因名"赤珠呈瑞"。配用浅色圆盆，浅盆高栽，更显气宇。

【仰首天外】是一棵600年树龄的侧柏古桩，桩高80cm。凋干翠冠，翠叶繁茂，仪态昂扬，似在迈步天涯，因名"昂首天外"。盆、几映衬，气宇轩昂。

【凝碧凌空】老棵六月雪，树龄50年，飘长92cm。裸根悬空，似雕似镂，凝妆翠楼，碧落凌虚，因名"凝碧凌空"。方盆瓢口，高脚方几，衬托全景，宏丽妍赡，俊逸潇洒。

【夏鹃颂】杜鹃，40年树龄，桩高42cm。景中老者在歌颂："五月天，颂夏鹃。发枝是在开花前，五月六月花艳艳；枝叶纤细分枝稠，树冠丰满翠叶秀。漏斗花宽瓣多变，单瓣、复瓣和重瓣，传统品种有五个。五宝绿珠花中冠，花中小花是台阁，花中重瓣数第一。"因称"夏鹃颂"。配广口喇叭浅盆，以薄树段为几。花容、盆貌、几态，古朴典雅，巧拙相济。

【秋　韵】红叶，常代表秋天的意境。这棵红枫，40年树龄，桩高60cm。红叶艳艳，灿若披锦，具"血染疏林"之情趣，因名"秋韵"。以桩造型，配盆、置几，都为长方形，色泽纯朴，情韵叠生。

【乾坤一景】《周易》中两个对立的卦名，阳为"乾"，象为天；阴为坤，象为地，称为天地。也指国家、江山、天下。这棵80年树龄的榕树老棵，桩高80cm。在天地间"牧笛""吹风"的景象，因称"乾坤一景"。用超长长方釉浅盆，衬以薄形树段为几。盆、几与地，色相和谐，圆满光明，旷野空阔，意境深远。

史话篇

一、中国陶器的发明和原始陶的发展

中国是世界上最早使用陶器的国家之一，陶器的使用，源远流长。从古籍的记载，可以发现不少有关陶器的发明和制作的记载。如战国与秦汉间的《逸周书》载有“神农耕而作陶”。战国时的《吕氏春秋》载有“黄帝有陶正昆吾作陶”。至汉代，司马迁所著《史记》有“黄帝命宁封为陶正”的记载。此外，在《搜神记》中也有一段较为详细的制陶描写，“宁封子，黄帝时人也，世传为黄帝时陶正。有异人过之，为其掌火，能出五色烟。久则以教封子。封子积火自烧，而随烟气上下。”而宁封一心为烧好陶器，不顾高温，钻到窑里，随着火焰的跃动，上下察看，后来竟被窑火烧死，人们怀念其勇于献身的高尚精神，将他安葬于宁北山中。由于陶器发明在有文字记载之前，距今已有近万年历史。像传说中的人物——神农、宁封子、昆吾等，是否真有其人已无从考证，则不过从侧面反映陶器的创造，是先民长期集体劳动的产物。从国内屡有发现的早期制陶遗迹，通过这些新石器时早、中期陶器残片的观察，可以发现它们有泥片黏合的层理，和陶片层现的剥落，这种现象，最早被认定的是浙江省余姚河姆渡遗址的四层，即河姆渡文化一期的陶片。以后在石门皂市遗址的下层、大地湾遗址一期、河南密县莪沟裴李岗文化的残片，以及更早的江西万年仙人洞、桂林甑皮岩等洞穴遗址陶片的遗存。这些遗址的年代都早于仰韶、红山、大溪、大汶口、河姆渡二期诸文化的年代，具有比泥条盘筑法更早，更原始的制陶术成型方法。

图1　鱼藻纹凤鸟纹盆（余姚河姆渡遗址出土）

陶器发明以后，从原始社会到以后的时代，它一直和人们的生活紧密联系在一起。器物不断地生产出来，供给人们生活的需要，制作陶器的工艺也日趋进步，由低级发展到高级，概括起来有三大工序：

（一）陶土的选择和加工

制造陶器的陶土是一种天然的泥土——黏土。这种黏土是由单一的或几种无机物混合而成，几乎到处都有。这些黏土加水捏练后能作出各种形状，但并不等于说制作陶器的黏土不需要选择。如含沙量太多的一种泥土，就不适合制作陶器。因含沙量太多的泥土，其松散性过大，制作陶器坯胎时不易黏合成型，经窑火一烧就会散开。如含沙量过少，或纯粹不含沙，组织太致密的胶质黏土，也不适合制作陶器，这种泥土加水捏合就像浆糊一样，干了又像石头似板结，土质过硬，密度过大，受热容易破裂。所以烧制陶器的陶土，要选择合用的黏土作原料。中国新石器时代的灰陶和红陶，所用泥土。从河南省渑池县仰韶村，即著名的仰韶文化遗址出土的彩陶片，经过化学分析证明，其中含二氧化铝15.64%，二氧化硅65.66%，氧化镁0.75%，三氧化二铁18.3%。其他一些仰韶文化出土的陶片，化学分析的数据都差不多，它们和普通的泥土有明显的差别。其一，彩陶或灰陶原料中含铁量都很高，均在10%以上，这是普通黄土所没有。这样的含铁量是使彩陶呈现红色或灰色的原因之一。其二，含钙钾等物质比较少，而普通泥土对这类物质的含量则很高，一般的陶洗方法是不能降低这些金属物质的含量。其三，含镁量很高，这也是普通泥土所没有的。根据科学工作者对新石器时代的灰陶和红陶断面结构的观察，可以明显看出它比普通砖瓦要细密得多，相反气孔要少得多，说明这些陶器不是农田耕作土，或含腐植质较多的地表土所作成。从著名文化遗址的调查，发现这些地方的现代人们仍然在生产陶器。如河南渑池县、山东日照县（著名的龙山文化遗址），迄今仍有人用手工方法制作灰陶、红陶和黑陶，他们并不用黄泥，只选用红土、黑土和河谷中的沉积土。经选择的自然界陶土，不能拿来就用，必须进行加工。黏性太大的黏土中，必须加入黏性小或无黏性的原料，以减少其黏性，这种人工加进去的物质，叫羼（搀杂）和料。如石英、长石和砂岩等粉末，有的加入焦化的稻谷、草灰、蚌壳末、碎陶末等，以改进陶土的成型性能和成品的耐热急变性能，提高陶器制品的成品率。

原料选配后，要经过粉碎过程。粉碎，目的是减少原料的颗粒度。使各种成分能均匀地分布在胎体中，这直接影响到陶器制品的干燥和焙烧以后的性能。颗粒变小，有利于原料在受热过程中各种物理、化学反应的进行，容易烧成，并获得致密的结构，减少坯体的气孔率，增强坯体烧成后的强度、硬度和比重。

原料加工的最后一道工程——捏练和陈腐。用水调和后的泥坯，颗粒与水分分布都不均匀，必须经过捏练，以增大坯泥的密度，减少气孔率，提高坯料的可塑性。古代捏练坯泥，是人用脚踩，手搓揉，或者用牲口踩踏、石碾碾拌。经过捏练的泥坯，在颗粒与颗粒之间，水分分布虽然比较均匀，但水分渗入坯泥的内部必须经过相当长的时间，方能渐渐渗透，因此，制作陶器的坯泥，必须在湿润的状态下贮藏一段时间，使水分能分布于颗粒之间，形成胶质薄膜，以增加黏性，提高可塑性，这一段储藏时间，称为“陈腐”，所以陈腐的过程越长越好。中国原始社会新石器时代，仰韶文化的彩陶和龙山文化的黑陶，所以能作到胎质细，没有鼓泡和断裂的现象，正说明其泥料是经过良好的陈腐处理。

（二）坯体的成型和修饰

原料的配制和加工以后，即是陶器坯体的制造。从中国新石器时代文化层出土的大量陶器可以看出，当时的陶器制作可分为手制法和轮制法两种。

（1）手制法，只是用手捏成一些简单实用的器物，所以也称捏制法。手捏成型的方法，即泥条盘筑法（图2）。在新石器时代，各种文化里发现的陶器中，泥条盘筑法是最常见的一种制作方法。其制筑过程是先将泥料捏成泥条，然后一只手拿石球，或陶垫模，垫在里壁，另一只手拿着泥条，螺旋式盘绕而上，作成陶坯的雏型，中国云南佤族制陶器就是采用此种方法。佤族人民作陶器是先将器体作好之后，再将泥条一圈圈

图2　母系氏族社会妇女用泥条盘筑法制陶

地盘筑上去；每盘一圈稍停一会，让泥坯干一干，再盘第二圈、第三圈。坯体筑成，放在阴凉处晾干后，便可架火焙烧。用这种方法作成的陶器内部，往往留下泥条盘筑的痕迹。

（2）轮制法，是一种比较复杂的制陶方法，人们在制陶取得经验以后，就发明一种简单的机械，用一根支柱支撑一个木制或陶土烧成的轮盘，将泥料放在轮盘的中心上，拨动轮盘，飞快旋转，两手随着轮盘的转动，塑造成器形（图3）。这种轮制法，是新石器时代晚期发明，制作出的陶器，外形圆正规整；器物表面，有一系列对称性强、线条清楚的圆环纹路。

还有一种制作方法，叫模制法。这种方法发明时间可能要稍晚一些。它把要作的器皿作成陶模，然后把泥料挤压进模内壁，锤打结实。用陶模制作的陶品，标准一致。但早期用模制法作出的器物比较简单，器形种类有限，以后人们多用陶模来作器物的零件。

陶器坯体成型后的修饰，分三步进行。先是用湿手抹平，这是制陶过程中的第一个修饰手段。从制作坯体开始，就要不断地用手沾水往泥坯上抹，使坯面不致过早干燥而开裂，而且能使坯体表面光平。但蘸水不能太多，水多会使泥坯软塌。在毛坯成形之后，还要用手蘸水抹去接合缝，填补毛坯的空隙。再是要进行拍打。泥坯经湿手抹平，虽然器物表面平整光滑，但没有光泽，

图3　轮制法制陶

整体也不够结实，便要进行拍打。用木板做成拍子，在拍子上刻成篮纹、席纹、方格纹等各种纹路，或用绳子缠绕在拍子上，拍击陶坯，显出花纹。拍打是修饰的一种方法，以上两法在成型过程中同时进行。成型毛坯稍干后，有的坯体不规整，有的留有泥条残痕，也得进行修饰。分段作成的器物要粘接在一起，粘接工作也是结合修饰同时完成。最后是打光，这在修坯之后。毛坯半干时，制陶人用鹅卵石或动物骨头的光滑面，在陶坯表面进行打磨，使坯体面高低不平的结构填平补齐。这个工序可以使泥料中的云母等片状矿物平行排列于坯体表面，减少光线的散射，增加光线的平行反射，因而出现光泽的效果。

彩陶的制作，陶器的彩绘是在焙烧以前上彩作画。古陶器的装饰纹有动物、植物、编织物，它们反映原始社会人们的生活与这些形象的密切关系。陶器上的这些艺术形象，生动地说明生产劳动是艺术的源泉之一。古陶器彩绘的颜色有黑色、赭色、白色诸种。经光谱分析，赭红的主要着色剂是含有铁的物质，可能是赭石；黑彩的着色剂是铁和锰的自然结合物，在村落附近耕地中就能找到，叫铁锰结合，用这种颜料画成花纹，一经火烧，便成黑色；白色可能是一种配入溶剂的瓷土。

（三）加热焙烧

成型坯体成为陶器，必须经过加热焙烧，排除其结构水而硬化。简言之，陶器就是陶坯的固定和永久化。新石器时代陶器烧成是800～900℃或略高，没超过1050℃。从目前所见到新石器时代的陶器，绝大部分都是用陶窑烧成。烧制水平的高低，取决于人们对火候的掌握。陶窑的发明，是人们已有较高的技术水平，能够控制火候的表现，这种成功的经验是人们通过长期的实践操作而得到。陶窑发明之前，肯定有更原始烧制陶器的方法。最原始是露天架火焙烧，这种方法，考古学的资料是无法见到的，而民间调查的结果，为我们提供了重要的线索。云南的佤族就是用这种方法来焙烧陶器。他们把晾干的陶坯，堆放在寨子外面一块干地上，陶坯堆放时，将大型的器物放在下面，中、小型器物放在上面。各坯之间留有空隙，然后，将木

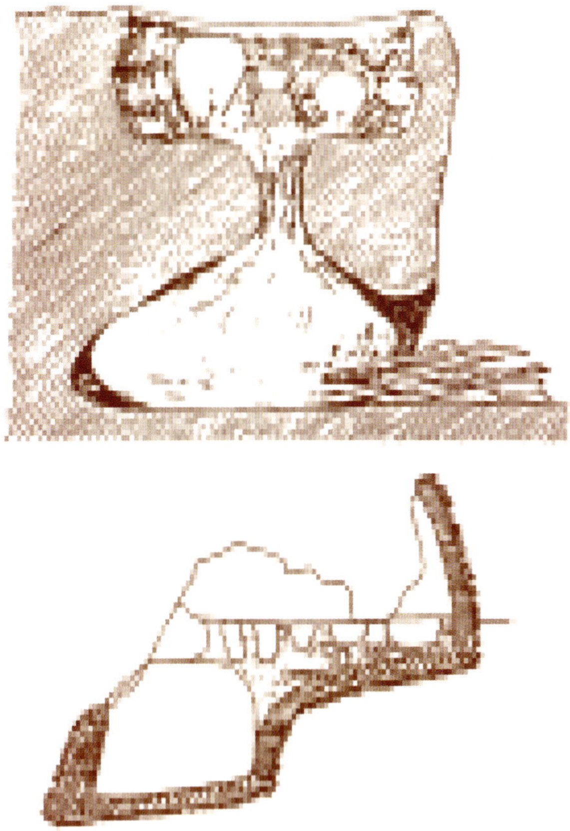

图4　陶窑结构图——竖穴式（上）、横穴式（下）

柴搭在陶坯的周围，燃烧约三小时，陶器就已烧好。随后人们用棍子将烧好的陶器一个一个从火炭里挑出来，然后将胶质的褐色染料趁热涂在陶器的口缘或周身。烧陶的地方就耕翻种植庄稼，不留一点火烧的痕迹。

中国新石器时代烧制陶器的窑址发现很多，比较典型的还有陕西省西安半坡、凤县，河南省陕县庙底沟、三门峡三里桥、郑州旭旮王村、安阳范家庄，河北省邯郸涧沟等仰韶文化和龙山文化的陶窑。从陶窑结构来看，有竖穴式和横穴式（图4）两种，以横穴式较为有代表性。它有火口、火膛、火道、窑室和窑箅五个部分组成。窑室成圆形。底部有箅，上开有许多火孔，由火膛中来的火焰，经过火道和火孔，到达窑膛之中。火口、火膛、火道，均就生土掘成轮廓，然后涂上一层草拌泥土，窑箅等部分，也用草拌泥土筑成，经过火烧后，就变成坚硬的红烧土。这种陶窑的容量，一般都比较小，烧窑水平也相当高，每次只烧大小窑器五六件。温度均匀，从发现的陶器来看，陶色基本一致，很少发现变形或裂损现象。先民对陶器的发明，是以实用器具为主，这对人类历史的发展起了巨大的作用。用陶器煮熟食物，对人类体质的发展，帮助人类巩固定居生活，有利人类更好地从事农业生产，为人类进入金属时代，均提供了良好的基础条件，所以陶器的使用，是新石器时代的重要标志之一。

二、宜兴紫砂器的崛起

江南古城宜兴，有着5000年的历史，秦之前称荆溪，秦统一中国后改称阳羡，晋永安元年（304年）惠帝为表彰周处之子周玘，三兴义兵，平定江南有功，将阳羡县升为义兴郡，赐封给周玘，隋开皇九年（581年）义兴郡改为义兴县，唐初易名鹅州、南兴州，六年后又还其旧称，宋太平兴国元年（976年）因避太宗赵光义之讳，易“义”为“宜”，从此一直称宜兴。宜兴地处江苏省南端，位于太湖西部，是著名的阳羡风景区所在，北边与大运河相连，东、南、西、北分别与历史文化名城苏州、杭州、南京、扬州相近，距经济繁荣、商业发达的上海也不远，水陆交通便利。优越的地理条件，加上优美的自然环境，和深厚的文化传统，使得宜兴土地富饶，物产丰富，商业兴旺，文化繁荣，孕育着许多文化名人和能工巧匠，在中国文化史和艺术史上，留下耀眼的光辉。

（一）宜兴紫砂器的起源和发展

宜兴制陶，史久源长。早在新石器时期，宜兴地区就开始了陶器的生产制作。宜兴紫砂器的起源和发展，是中国陶瓷器中的一朵奇葩，异彩突出。据20世纪70年代在宜兴地区进行的考古普查，发现多处新石器时期的文化遗址，以及丰富的红陶、白陶、灰陶等残器和残片。相传，春秋末年，越大夫范蠡，在助越灭吴后，隐姓更名，携带西施，弃官逃到今日宜兴，进行经商，他偶然发现当地的黏土黏性很强，且耐烧，于是试用这些黏土制成坯胎，并对烧制陶器的陶窑进行改造，烧出品质极佳的陶器，被后人称为"陶朱公"（一说隐居山东定陶西北，致富后，得此称号）。至今，在宜兴丁蜀镇，还留有多处与范蠡、西施有关的地名和许多传说。这些优美的传说，也证明宜兴制陶历史的悠久。魏晋时期，宜兴是我国南方青瓷主要产地之一，说到宜兴陶土的发现，清人吴骞的《阳羡名陶录》载曰："相传，壶土所出，有异僧经行村落，日呼曰：卖富贵土。人群嗤之。僧曰：贵不欲买，买富何如？因引村叟指山中产土之穴，及去发之，果备五色，烂若披锦。"因此民间遂称为"富贵土"或"五色泥"。这段记载颇有神奇色彩。紫砂器是用一种质地细腻，含铁量高的特殊陶土，人称"紫砂泥"制成的一种无釉细陶器，据考古学家对宜兴张渚和鼎、蜀二山古窑址的发掘研究，推断早在5000年前的新石器时代，这里就开始制陶，到汉代更大量生产日用陶器。看来宜兴制陶业的兴起是远在"陶朱公"之前。中国人的饮茶风气，是唐代后期才盛行，所以远古时代的宜兴陶器是做日用器的，并非是用来饮茶，后世珍之若宝的紫砂器，当时可能并未受到人们的重视。宜兴的蜀山和鼎山均出产陶器，但鼎山所产的不是紫砂器，而是一种挂釉的宜兴均陶器，以青蓝为主，釉色稍似宋代的钧窑的乳浊釉。《阳羡名陶录》有载："陶穴环蜀山，山原名独，东坡先生乞居阳羡时，以似蜀中风景，改名此山也。祠祀先生于山椒，陶烟飞染，祠宇尽墨。"明王升《宜兴县志》引陆希声《颐山录》云："颐山东连洞灵诸峰，属于蜀山，蜀山之麓，有东坡书院，然则蜀山盖颐山之支脉也，今东坡书院前有石坊，宋牧仲中丞题曰'东坡先生买田处'。"因此古时就有人认为，真正紫砂陶的生产地，是在出产紫砂泥的蜀山，所以宜兴紫砂器，更确切的应叫"蜀山紫砂器"。宋元时期，宜兴陶器的生产发展很快，技术更趋成熟，为明清陶瓷的发展，特别是紫砂的繁荣，奠定了坚实的基础。明代，宜兴陶器的生产规模空前，特别是紫砂陶器作为独立的品种，形成独特的加工成型方法，以其特殊的艺术风格，独领风骚，受到人们普遍的喜爱。宜兴特有的这种澄泥陶，颜色绛紫，制品称"紫砂器"，通常简称"紫砂"。近千年来，宜兴紫砂，经过产生、发展的过程，到明代末期臻于成熟，此后经久不衰，因此，在景德镇瓷都之外，并列一个陶都宜兴，产品畅销国内外。所以，宜兴紫砂，早已成为很多人研究的课题。

宜兴陶器优秀品类很多，紫砂尤为人们偏爱，按使用功能，可分为几大类，每类都有丰富的造型。

首先如茶壶类，这是紫砂器的大宗，造型多姿多彩，有自然形、几何形、筋纹形和水平形，或者分为高颈壶、矮颈壶或提梁壶；还有的分为素面的"光货"和加堆塑装饰的"花货"。

其次是花盆类，造型有圆形、腰形、蛋形、四方、长方、三角、六角、八角、折角，还有如"一颗印"、筒形、升形、弓形、枕形、碟形、豆形、叶形，以及云肩、钟鼎、梅花、莲花、海棠、菱花、菊花、喇叭、竹节等形状。花盆的口沿有漂口、直口、窝口和蒲包口四种处理方式；底足分挖足和装足两类。

再次是罐类和其他，主要有罐、瓶、钵、杯、盏、盘、觚、洗、碟、盒、文具、香熏、香炉、像生果子、枕头、挂屏、鼻烟壶、蟋蟀罐、塑像等。

中国是茶的故乡，很早就开始茶的种植和利用，因此，大宗紫砂茶具的生产和发展，同中国上千年饮茶历史有关。在宜兴民间有许多关于紫砂器的传说，其中有一个故事：有一个大户人家造房屋，房子造好后，主人嫌匠师砌的墙不好，硬要扒了重砌。拆墙时，在空斗墙里忽见放着一把茶壶。大伙看见后才想起来，那天主人送一壶茶给泥工师傅解渴，随手放在墙上，师傅只顾砌墙，没想到把茶壶砌在墙里。揭开壶盖，虽说是好几天前泡的茶，闻之茶香依然醇厚，于是一传十，十传百，紫砂茶壶泡茶不馊的故事，被传扬开去，从此更增加人们对紫砂器的喜爱。这个传奇的故事，从某些方面概括说明紫砂器特有的功能。紫砂器由于其原料的特性，有透气不渗水的特点。紫砂中含有石英、云母和赤铁矿等多种团聚体物质，团聚体内部有闭气孔，通过放大600倍的扫描电镜，可以观察到其中独特的双重气孔的平均直径为0.0013mm，链状气孔的平均孔直径为0.02mm。烧成时，团聚体产生较大的收缩，它的周围又生成一层断断续续的链状气孔群，大部分属开口气孔，显气孔率约5%，有小于2%的吸水率。这种质地的器皿，用来泡茶，可色、香、味俱佳和“越宿不馊”；用来栽花，能有良好的透气性和排水性，不易烂根，是有科学依据的。

从紫砂器的演变看发展，基于紫砂器特有的性质，它在历史上多作茶具。紫砂茶器的发展历程，实际上就是紫砂器发展的基本部分。北宋文学家欧阳修有“喜共紫瓯吟且咏”的诗句，梅尧臣也有诗说“雪贮双砂罂，诗琢无玉瑕”。这里歌咏“紫瓯”、“砂罂”，指的就是紫砂器，这是宋代已用紫砂器饮茶的证明，或认为紫砂茶具在北宋已经诞生，而且受到上层社会的欢迎。1976年7月在宜兴丁蜀镇羊角山发现古窑器的废片堆积，其中有早期的紫砂残片，泥色紫红，泥质粗糙，工艺技术不高，成品有明显的火疵，复原所得大部分为壶。据羊角山古窑年代的判断，上限不早于北宋中期，盛于南宋，下限延到明代中期（江苏《文博通讯》1976年第一期）。这一发现，被认为证实紫砂器始于北宋的观点。从文献中确切记载的紫砂历史，是从明代正德年间（1506～1521年）供春学金沙寺僧制作茗壶。供春所制茗壶，据第一部紫砂艺术的专著，周高起写成于天启年间的《阳羡茗壶系》中所说，当时已经极难经见。现存传世的供春壶，见于著录，而且很著名的有两件：一件是“树瘿壶”，相传曾为吴大澂收藏，后为储南强所得，把下刻“供春”两字，裴石民配制壶盖，黄宾虹为之定名，现存中国历史博物馆；另一件原是罗桂祥先生收藏，后藏香港茶具文物馆，壶底有“大明正德八年供春”两行楷书铭款的“六瓣圆囊壶”。据当代陶艺大师顾景舟先生所谈，他曾见过树瘿状壶有十二件之多，不及文献所记载供春壶的特点，似难以定为真品。而传世供春壶，作为明代中后期紫砂器的标志，时代赋予的地位，是绝对不可忽视。据考古发掘所见，有明纪年可考的紫砂器实物，现在首推南京市博物馆收藏的提梁壶，通高17.7cm。1965年出土于南京市中华门外马家山的明司礼太监吴经墓，同时出土的有嘉靖十二年（1533年）砖刻墓志，这件壶的质地、制法，可与羊角山出土标本相比照。其胎体近似缸胎而质地较细，壶面粘附着“红坛釉泪”，这证明当时烧制紫砂器，还没有另装匣钵，是与一般缸器同窑烧成。吴经墓出土的这件壶，对于鉴定供春生活时代制作的紫砂器，且有很大的借鉴意义。嘉靖、万历年间的著名陶工，时鹏、董翰、赵良（亦作梁）、元畅，号称“四大家”。清乾隆年间，吴骞所著《阳羡名陶录》所载：董翰号后溪，始造菱花式壶，已殚工巧；赵良多造提梁式壶。他们的作品虽然不多，都有传世，收藏家和鉴赏家很注意鉴别考证。元畅精制茗壶系列，作《元锡秋园杂佩》，作《袁锡茗壶谱》。

万历年间时大彬，时鹏之子，是供春之后最著名的陶艺大师。他所用陶土杂有硇砂，制壶不务妍媚，朴雅坚致。最初仿供春作大壶，后得识文学家、书画家陈继儒等人，接受品茶、试茶理论的启发，一反旧制，专做小壶。这是紫砂茗壶上的一件重要事情。《茶论》有载：“壶供真茶，正在新泉活火，旋瀹旋啜，以尽色、声、香、味之蕴，故壶宜小不宜大，宜浅不宜深，壶盖宜盎不宜砥，汤力茗香，俾得团结氤氲。”与时大彬同时代或稍晚的李茂林、李仲芳、惠孟臣，都迎合时代的风尚，制作小壶。时大彬壶的铭款，运力成字，书法娴雅。著录还记载大彬壶有一个独特标志，是壶盖与壶身吻合，手抓壶盖，能连壶并起；不仅茗壶，就大彬其他紫砂器，也是制艺高超，受人喜爱。时大彬时代的紫砂器，因原料中杂有硇砂——天然存在的氯化铵，烧成后器身呈现金星点，吴骞《阳羡名陶录》上也注意了这一特征，“壶之土色，自供春而下及时大彬初年，皆细土淡墨色，上有银沙闪点，迨碙（硇）砂和制，縠绉周身，珠粒隐隐，更自夺目。”时大彬的作品，据同时代的王士祯在《池北偶谈》中载有，问世的年代已“知名海内”；陈贞慧《秋园杂佩》也载曰：“即遐陬绝域犹知之”；周高起更曾有“茗壶奔走天下半”的称颂；就当时的通俗文学作品中都有描述，崇祯元年（1628年）尚友堂刊本的《初刻拍案惊奇》第二回，描写汪锡的家内陈设“壁间纸画周之冕，桌上砂壶时大彬。”可惜的是这“千载一时”的茗壶，在李景康和张虹的《阳羡砂壶图考》著录中，只有十六件。今天，能见到的实物和图片著录，虽有大彬名款，但能确定为真品，则为数实少。

清代，康、雍时期，陈鸣远是时大彬之后最著名的制紫砂器的大家。陈鸣远，名远，号鹤峰、壶隐。吴骞说他“一技之能，间世突出”。甚至供春、时大彬也“无以远过”他。与杨中讷、曹廉让、马思赞等文人学士相交，制作的茶具、雅玩，不下几十种，款识书法，有晋唐风格。他所制瓜果式器，如束柴三友壶、伏蝉叶形碟、梅干笔搁、仿竹段臂搁及清贡果子六款，荸荠、茨菇、菱角、板栗、核桃、花生等，精巧逼真，楚楚有致，当时推为绝作。在他之前，崇祯时人陈子畦，善制石榴、螃蟹等像生物品；有传是陈鸣远的父亲，但年岁不甚相当。李景康、张虹的著录中，陈鸣远虽只有十件作品，他虽开创清一代紫砂工艺的新局面，但他只是单身只影，像晨空星辰闪烁。乾、嘉时期的陈鸿寿（1768～1822年），号曼生，浙江钱塘人，与黄易、奚冈、赵子琛等并称“西冷八家”，精好文学、书画、篆刻。嘉庆年间，他在宜兴任过三年县宰，喜爱紫砂，曾手绘十八壶式，请杨彭年及其弟宝年、妹凤年等按式制作。所制壶底多钤，“阿曼陀室”铭款，把下有“彭年”印章。他们合作署名的茗壶上以“曼生壶”、花盆上以“曼生盆”见称于世。“曼生壶”着重于壶身取平面，面上镌刻书画铭款，作壶铭或盆铭的，除陈曼生本人外，多是他幕中友人，江听香、郭频迦、高爽泉、查梅史等。文人、士大夫、收藏家参与紫砂器的设计和制作，从明末开始，项元汴、赵宦光、董其昌、陈继儒、宋荦等人都热心于此事。而将紫砂茗壶、花盆，与诗、书、画、印艺术相结合的风气，是由陈曼生之手开拓广大，这种风气的形成，在当时及以后都是引起人们的注目，这说明陈曼生对宜兴陶业的振兴，有很大的贡献。据传，传世的“曼生壶”不下几千件。罗桂祥藏品有刻“茗壶第一千三百七十九频迦识”的铭文，现藏香港茶具文化馆。《阳羡砂壶图考》中著录的一件，壶腹镌“曼公督造茗壶第四千六百十四，为羼泉清玩”十八字，现似归上海博物馆藏。实际上，仅杨彭年、杨宝年、杨凤年等少数人，绝难制作出这么多的陶品；近年尚发现一些“曼生壶”上，有其他工匠的名款。清代制紫砂器高手中，还有一位是道光、咸丰年间的邵大亨。关于大亨其人，文献记载甚少，然从其传世的作品，巧妙的构思，精美的工艺，流畅的线条，饱满的姿态，看来确非一般陶工可比。其中尤以鱼化龙壶，为邵大亨首创，南京博物院藏的八卦纹束竹段壶，盖内钤瓜子形阳文，楷书小印“大亨”，也是精品。另一件王一羽藏的铜提梁圆胆壶，壶底刻“岁次甲辰（1844年）孟秋之月”纪年款，对考证邵大亨的生活时代有很大帮助。他的作品，对后世有相当的影响。

宜兴紫砂造型，形式丰富多变，或精美细巧，耐人寻味，或奔放逸兴，令人欢快神怡，艺诣臻善，加以镌刻于器体表面，寓意深远的题诗、赋词、书画、印章，更增添了浓郁的书卷气氛，以致成为人们争相收藏的宠物。

（二）紫砂器的审美和特征

南京博物院梁白泉主编的《宜兴紫砂》一书，辑录传世紫砂精品201件。其中以明、清两代作品为主，除有各式造型的茶壶，也有姿态互异的盖罐及印花小碟、像生板栗、石榴形小杯、印梅花形茶叶罐、印竹纹茶叶罐、泥绘雪山待渡图笔海、泥绘山水笔筒、彩绘山水注壶、百果盂、桃形杯、加彩盖罐、荷花鹭鸶蟋蟀罐、松鼠偷瓜洗子、仿古井栏水盂、腰形水盂、仿国山碑花瓶、八角杯、菱花杯、五足洗、菊花印盒、人物骑象摆件、加彩长方形水仙盆、木纹加彩盖碗、蓝釉高足碗、竹根笔筒、鼓形围棋罐、钵、提梁卣、绿地粉彩荷叶形酒令杯、圆角四方杯、松鼠葡萄挂屏、花鸟挂屏、暖砚、六角形暖酒壶、挂釉彩绘坛、博古砂暖碗、竹节方形笔筒、觚、竹笋形水盂、荷花单杯、印纹八方吊篮盆、蓬莱罗汉、尊珠、始陶异僧、鱼形瓶等，这些历史上著名的紫砂陶器，进行认真的分析，不难体会到紫砂造型中，所蕴含的中国风格和传统的中国精神。从紫砂造型所创造出的艺术美，领略中国文化的精髓，给人以神怡的享受，同时也构成紫砂器造型艺术审美的特征。紫砂陶器作为一种立体的造型艺术，有其独特的造型形式，在近千年的发展中，广泛吸收了中国传统艺术中各类造型艺术的精华，十分贴切、有机地结合到紫砂造型艺术之中，使其更加完美，可谓是集立体造型艺术之大成，是造型艺术苑中之奇葩。

中国传统器物造型的构成，从来都有口、颈、肩、腹、底之分，无论造型形体的变化，但各部位之间的关系，均有交待，紧密衔接，脉络清晰，形体的转换，过渡十分明确。这种造型和审美，意识和经验融会，是中国传统哲学思想在文化艺术上的反映。宜兴紫砂器在表现造型方面的完整，是出于实用功能的需要，对各个部位的造型设计与制造，首先是为了使用。因此，设计合理，造型美观，使用习惯，更成为首要考虑的问题。常州文物商店藏有一件程寿珍掇球壶，就以历史名壶“掇球壶”来分析，其造型从中国传统造型审美观品评，体现了完整美，掇球壶的造型与构成，基于是圆球形态，虽是不同体量、比例的组合，组成掇球壶的基本形，无论从何种角度观赏，都能感到一种完整的美。苏州万景山庄（盆景园）收藏一只明制大红袍莲花形盆栽盆，口径79cm，高30cm，体形较大，其造型与构成，基于盆口是正圆形，无论从何种角度观赏此盆，都感到一种红艳鲜丽，完整妥贴的美感。正如法国哲学家笛卡儿所说：“这种美不在某一特殊部分的闪烁，而在所有部分总起来看，彼此之间，有一种恰到好处的协调和适中，没有一部分突出压倒其他部分，以致失去其余部分的比例，损害全体结构的完美。”掇球壶和莲花盆的造型，就是恰到好处地表现了这种意念。这种表现在立体造型上的“气韵生动”，是将绘画美学理论与紫砂造型艺术的结合；并不要求形的酷似，而是要求造型完美，追求形态完善，反映出内在的神韵美。气韵生动的紫砂器造型表现，是通过造型的变化，不同的形态、巧妙的过渡、有机的结合，以及细致合理的形态结构，表现了不同的气势，构成作品的个性，形成作品的气韵。紫砂陶的传统制作中，有很多非常著名的造型，曾历数百年、经几代匠师的苦心经营，达到十分完善的境地。如南京博物院藏邵大亨的八卦纹束竹段壶，壶身外壁似一捆整齐的竹段，中腰以一竹束之。竹段顶端，即壶面边缘，逐个雕刻小圆圈，以示竹心中孔，形象逼真；壶盖，以“的”为中心，雕八卦纹，把、流堆雕龙头。壶底三足，亦雕刻矮竹段编连状，底面雕星象纹。色泽蟹青，造型典雅，装饰协调，堪称上品。壶嘴的处理十分巧妙，可称点睛之笔，静中有动。宜兴紫砂工艺厂藏有擅长制作像生器，著名女艺人蒋蓉的一件荷花单杯，以一片荷花瓣为主体，莲蓬、茎和藕为把及足，整个花瓣脉络精细流畅，色泽鲜艳，形象逼真，动中有静。苏州万景山庄藏有一只明末时期的大红袍马槽盆（口80cm × 47cm，高29cm）盆体线条单纯流畅，细腻敦厚，所构成的基本轮廓线及形体，充盈着朴拙之美。与台湾苏义吉所藏，明徐友泉制作的海腰圆凸线涡口紫泥盆，从基本形体上分析，盆体下部体量较大，但采用的是圆线过渡的收底方式，下部是转折的足；这种平缓的收缩方式，使局部形态和主体形态相呼应，并且也保持整个盆的视觉平衡，盆质细腻，色泽鲜艳，令整个盆体完美统一，充满神韵。

宜兴紫砂器的另一特征，它具有独特的造型系统规律，就是特定的材料、成型工艺和制作方法、装饰方法、欣赏使用习惯所形成的独有风格特征。其中包括两个方面：一种是历代设计制作者表现在紫砂造型中的观念、文化、性格与理想的沉淀，是一种内在美；另一种是历代艺师在制作工艺技术方面实践的积累，即外表美。由于紫砂泥可塑性好，可以以手工方式制成任何一种形器。多少年来，它形成了独特的成型方法和使用专用工具。因此，紫砂造型讲究手工制成线角的“严正美”；表面润泽光华、色调高雅的“材质美”；线形多变、曲直、刚柔的“形态美”；形体统一、造型完整的“整体美”。紫砂造型艺术，如同中国绘画理论中的人体艺术，不需要任何装饰，展示的是自身质朴的美、纯真的美。特殊的材质、特殊的造型，特殊的成型方法，构成了紫砂器造型的系统规律，也就是紫砂的韵味。从历代匠师的传世作品，我们可以看出，紫砂造型艺术具有很强的个性。由于它集中体现了个性创造。制作人往往把自己的情感，即对自然界美好生活的理解、向往、追求，融会在作品之中，因此许多紫砂作品很有个人风格的特点。换而言之，就是由于个性表现在作品之中，多元化艺术个性，才使紫砂造型艺术更具魅力。透过作品，我们可以感受到制作者的艰辛，把每一件紫砂器的制作当作自己的，作为他自身的肖像，作为他自己知性的以及伦理的人格的放大。在作品中，表现了他们的审美观念，以及对传统文化的理解与崇尚。宋任胤在《紫砂文化的透视》中说："那些竹节竹段为对象的砂壶，他们并不是给它照一下镜子，原模原样的搬过来，而是把自己对中国传统文化中对竹的深层意义描绘出来，正如诗人吟咏的：'寒杪虽数叶，高节傲霜（高启）一样着力'，竹节'把它捏得高高的，突兀横起，令人肃然起敬'"。在造型中以寓意、象征内容，表现了这种功能，把"气"与"节"形象化。这是设计制作者以情感立"意"，以意出发，再从"象"入手，进入集中、概括，形成典型形态，完成设计过程。这一过程，正是"艺术的细胞和根本特征是意象，即意和象的统一。意象的矛盾，是艺术世界一切矛盾的胚芽。艺术形象的主观与客观相统一的性质是意象矛盾的表现。"这就使人们充分认识研究紫砂器造型艺术的审美特征，正是了解陶艺造型美学中的这一意象矛盾。

另一构成宜兴紫砂器造型审美特征的是文化因素。它集中了中国文化的精粹，将文学、书法、篆刻、绘画、艺术聚集于一体。中国文学，源远流长，博大精深，脍炙人口；中国书法，龙飞凤舞的线条组合，表现了特殊的韵律；中国绘画，精心的布局方法，反映了中国的古老哲学原理；中国篆刻，斑驳古拙所形成的特殊美感，集中表现在人手可握的一把小壶上，一只花盆和一件工艺品上。如此丰富的多彩文化组合，所引发的审美舒快的感受和艺术感染力，确是难以用笔墨来形容。宜兴紫砂造型艺术，将这许多中国文化的精粹统一在一起，构成极其高雅的文化艺术气质，对市俗也产生很大的影响。

（三）宜兴的紫砂泥料

宜兴紫砂器所以饮誉中外，主要是所用的优质原料，只有蜀山所独有的"富贵土"，也称"五色泥"、紫砂泥。俗称陶土。清乾隆年间，吴骞《阳羡名陶录》中选材的记载："嫩黄泥出赵庄山，以和一切色土乃粘，随可作盖陶壶之丞弼也。石黄泥出赵庄山，即未触风日之石骨也，陶之乃变朱砂。天青泥出蠡墅，陶之变黯肝色，又其夹支有梨皮泥，陶现冻梨色；淡红泥，陶现松花色；浅红泥，陶现豆碧色；密口泥，陶现轻赭色；梨皮和白砂，陶现淡墨色；山灵腠络，陶冶变化，尚露种种光怪云。老泥出团山，陶则白砂星星，宛若珠琲，以天青、石黄和之，成浅深古色。白泥出大潮山，陶瓶、盎、缸、缶用之。"又据日本明治九年东京奥玄宝著《茗壶图录》中，对紫砂泥色的记载："泥色之辨，洵难矣，每壶各异，譬犹天文之灿然，不可得而名状也。请言概略，有朱泥，有紫泥，而朱紫二色，则壶之本色也；或谓红曰朱砂，黑曰紫砂；而朱有浓淡，紫又有浅深，或有白泥、乌泥、黄泥，或有梨皮泥、松花泥，或有铁色、栗色、淡墨色、猪肝色、黯肝色，又有金银沙闪点者，縠绉周身者，其他如海棠红、朱砂紫、定窑白、冷金黄、沉香、水碧、榴皮、葵黄诸名，皆取譬以名状，而予未得悉睹其物，倘想像妄说，则毫厘千里，故不敢臆决焉，姑记以俟识者之燃犀耳。"

当今宜兴陶土资源，有矿点55处，其矿藏量占江苏省总储量的95%以上，主要种类有白泥、甲泥、嫩泥、紫砂泥、绿泥和红泥。据中华民国十四年（1925年）地质普查资料，宜兴陶土的种类和分布为：

(1) 白泥。是日用细陶、精陶、普瓷、化工陶瓷和建筑陶瓷等方面的主要原料。产白泥场。

(2) 甲泥。是一种紫色的硬质骨架泥岩，它可分为本山甲泥、东山甲泥等，是日用粗陶的主要原料。产南山、黄龙山、涧潨。

(3) 嫩泥。也称黄泥，是日用陶中的结合黏土，具有较高的可塑性。产西山前、任墅、瓦窑、赵庄。

(4) 紫砂泥。是紫砂陶的主要原料，它深埋于岩石层下，紧夹在甲泥之中，故有"岩中岩"和"泥中泥"之称，紫砂泥种类较多，分梨皮泥、淡红泥、浅黄泥、密口泥，还有一种本山绿泥。产黄龙山。

(5) 绿泥。属紫砂泥的一种，矿呈蛋青色，表面光滑如脂，该泥夹于黄石板与甲泥之间，又称甲脂。产黄龙山。

(6) 红泥。矿石呈橙黄色，埋于嫩泥矿的底层，亦称“石黄泥”，古称“未触风日的石骨”。产赵庄。因其含铁量的多少不等，烧后变朱砂色、朱砂紫和海棠红等色。

又据1978年的地质普查资料。宜兴的主要陶土种类及分布为：

(1) 白泥。颜色有灰白、桃红、象牙色等类种，主要分布于兰山、大潮山、白泥场一带。

(2) 甲泥。有本山甲泥、西山甲泥之别，主要分布于黄龙山、张渚、杨店、林场、均山、东山、黄泥场、涧潆、涧坞，矿源从南山一直延伸到父子岭、董塘一带。

(3) 紫砂泥。主要分布在黄龙山一带。

(4) 嫩泥。主要分布在川埠、西山红庙、蒋立桥等地。

(5) 红泥。出产在川埠境内的西山和赵庄。

由以上普查资料可知，紫砂泥是宜兴得天独厚的宝贵资源。宜兴所产陶土，广布于当地的丘陵山区，陶土的成因，属内陆湖泊及滨海湖沼相沉积矿床，通过外生沉积成矿。宜兴陶土品种繁多，当地一般分为白泥、甲泥、嫩泥三大类。紫砂陶所用的原料，包括紫泥、绿泥及红泥三种，统称紫砂泥。一种呈紫红色和浅紫色称作“紫泥”，肉眼可见含有云母微粒，烧成后为紫黑色或紫棕色；一种呈灰白色或灰绿色，称作“绿泥”，烧成后，为浅灰色或灰黄色；还有一种呈红棕色，称作“红泥”，烧成后，呈灰黑色。其中，紫泥是甲泥矿层中的一个夹层；绿泥，也称本山绿，又是紫砂泥中的夹脂，故有“泥中泥”之称。团山泥则是紫泥和绿泥混杂共生在一起的泥料。红泥或称朱泥，是位于嫩泥和矿层底部的泥料，质坚如石，故称“未触风日之石骨”，主要产于丁蜀镇西香山附近。所以，紫砂器并非只是紫色。泥色的本色，分朱赤、蓝绿、淡黄、紫褐、白泥等色，此外，有一种叫“梨皮泥”，就加砂和烧造的瓦片在泥内，烧后形成一粒粒的，形似沙梨的皮。这各色泥土经高温烧后呈现各种色彩，如朱砂红、枣红、紫铜、海棠红、铁灰铅、葵黄、墨绿、青蓝等色。紫砂器所以吸引人的一个原因，是紫砂泥本身有高达17%的可塑性，且烧成后的色泽，变化多端，非常丰富。色泽的控制，关键在配泥，古代工匠，在这方面“各有心法，秘不相授”，故紫砂器的大多有细微差别。其次，宜兴的工匠有“三分做，七分晾”的说法，指的是成形后的干燥技术，一般是采用“阴干”的方法。据上海硅酸盐研究所，对紫砂原料和古代紫砂器残片的化学组成和矿物组成进行分析研究，其测试紫砂器标本所得化学组成数据，列表如下：

紫砂器的化学组成（%）

试样名称	SiO_2	Al_2O_3	TiO_2	FeO	Fe_2O_3（总）	K_2O	Na_2O	CaO	MgO	MnO	Cr_2O_3	PbO	烧失
紫砂泥	58.39	20.12	1.08		8.38	3.38	0.06	0.25	0.57	0.01			7.30
绿　泥	58.32	24.13	1.07		1.191	2.01	0.07	0.41	0.46	0.006			11.01
北宋紫砂残器	62.50	25.91	1.32	1.38	7.75	1.36	0.07	0.43	0.36	0.10	0.02		
清早期紫砂残器	64.62	20.69	1.28	0.44	8.60	2.50	0.13	0.51	0.55	0.018	0.02		0.72
清中期紫砂残器	62.72	23.85	1.29	0.33	8.66	2.05	0.08	0.28	0.53	0.011	0.02		0.35
清晚期紫砂残器	70.55	17.67	1.35	0.40	7.40	1.54	0.09	0.26	0.42	0.012	0.03		0.35

据中国硅酸盐学会编的《中国陶瓷史》所载：紫砂原料岩相分析的结果表明，所用黏土都属于高岭土——石英——云母类型，其特点是含铁量比较高。紫砂器的烧成温度一般介于1100～1200℃之间，采用氧化气氛。烧成后的成品，吸水率小于2%，说明它的气孔率介于一般陶器和瓷器之间。紫砂器的显微结构中，存在着大量的团聚体，大部分团聚体是由石英、赤铁矿和云母等多种矿物所构成。少量的团聚体，则仅由高岭石等单一矿物所构成。紫砂器中的气孔有两种类型：一种是团聚体内部的气孔，都属闭口气孔；另一种是包围在团聚体周转的气孔群，大部分属于开口气孔。紫砂器的良好透气性，可能跟这种特殊的显微结构有关。而这种团聚体的存在，则可能是由于泥料在制备过程中，泥料中原来存在的团聚体结构没有被破坏之故。在烧成时，这种团聚体产生较大收缩，从而在其四周生成一层断断续续的气孔群。

（四）供春壶和紫砂盆

从史料记载，在中国紫砂器的发展史上，"供春壶"的制作，有着极其重要的地位，它是紫砂器走向成熟，并发展到高峰的开端。明周高起《阳羡名陶录》等文献的记载，明正德、嘉靖年间的龚春，是他把紫砂器的制造推进到一个新的境界，他是最早的民间紫砂艺人。龚春，本名"供春"，以其姓龚，故又作龚春。在正德或弘治末年，为学宪吴颐山（名仕，字克学）家僮，随吴颐山读书金沙寺。寺内有一和尚，好制陶器，供春"给使之暇，窃仿老僧心匠，亦淘细土抟坯"，其作品"栗色暗暗，如古金铁，敦庞周整"，极造型之美。而吴梅鼎《阳羡瓷壶赋序》的说法，稍有不同，谓："余从祖拳石公（即指吴颐山）读书南山，携一童子名供春，见土人以泥为缸，即澄其泥以为壶，极古秀可爱，所谓供春壶也。"供春壶的造型，有树瘿型、六瓣圆囊型、龙带型等，极古拙，名声大噪，为明代士人所推崇。传世茶壶有几个同一形状，但多数是后世人的仿造；其另一特点是"指螺纹隐现可见，胎必累按，故腹半尚现节腠，传世的有栗色六瓣圆囊壶（1513年）。"供春壶的仿制者很多，万历年间，其弟子时大彬就有其仿制品，且极难分辨。明人仿制的供春壶，今日也已价值连城，何况是供春的亲制品。故供春壶已经成为中国紫砂壶的一个象征，也是中国紫砂工艺史上一个典型突出的代表。

以紫砂泥为原料烧制而成的盆栽盆，质地细密，坚韧，不上釉，有吸水透气性，有利植物生长发育。以其取土之本色，古朴、典雅，加之制作缜密、精巧，为其他盆钵所不及。中国紫砂花盆的主要产地有江苏宜兴、浙江嵊州、四川荣昌、崇宁等，而以宜兴所产最为著名，它是继茗壶之后发展的第二大宗紫砂制品。据史书记载，明清两代，这里制盆巧匠群聚。最著名的有徐友泉、陈鸣远、陈文卿、钱炳文、钱子瑞、陈贯粟、杨彭年、萧绍明、陈文居、葛明祥、葛明昌、葛德和等。其中杨彭年是专替当时著名篆刻家陈曼生制作紫砂茶壶的名手，其所制紫砂盆多有陈曼生的题词和铭刻，收藏家称之谓"曼生盆"。明制宜兴紫砂花盆，泥质多为铁砂、粗砂和大红泥三种，造型简洁古朴；台湾苏义吉先生收藏徐友泉传世的果圆形蒲包口红泥盆，造型简洁，姿态古朴，线条流畅，色泽鲜明，是明代紫砂花盆的典型精品。清制宜兴紫砂花盆，质地细腻，式样繁多，盆面亦多装饰。这些古盆，既具艺术价值，又有历史意义，古朴、素雅、细腻、坚固，堪称盆中佳品，已成为国家的珍贵文物。

（五）紫砂器的制作与工具

宜兴陶器传统上用龙窑烧制，即头低尾高的斜式窑。这种"龙窑"一般长40～50m，也有长60～70m，筑在山坡上，每隔1m为一节，烧炉在头部，燃料为松柴和柴草。窑背各有50或50个以上的烧火眼，从烧火眼投入燃料。窑身两旁，每隔4～5m辟一个进出口，从这里装坯、取器。每窑需以1100～1200℃的窑温烧40～42小时；烧成后，停15～24小时，再开窑取器，可见窑工的艰辛。远看，很像一条龙，故有此称。烧炉在龙头，窑顶呈拱形，两旁有很多圆孔，窑背每侧各有数十个烧火眼，窑高约2m，宽3m，用耐火砖砌成，每次可烧紫砂器约千件。这种龙窑，现代已弃用，而改用新式炉窑。考古学者曾于20世纪70年代中期，对传说供春学艺处的金沙寺遗址进行调查，在距寺西北，约1km

左右的任墅石灰山附近，发现一处范围较大的古龙窑群，是一个时代缸窑遗址，在其附近，找到一些紫砂器残片。因此，有些人士认为，明代紫砂器的烧制，可能是与缸类产品一起烧成，并非专窑烧造，只是将紫砂器放在最好的窑位处。

生产紫砂器的制作流程，大致有：原料的准备，包括挖泥、炼泥和选料。先将矿中挖出的硬块状泥料捣碎、过筛、澄滤，所得细土，下窖贮藏，叫做“养土”，须经三至五年的风化期，然后再炼泥。单是过筛一次，须用每平方厘米四百个孔眼的罗绢或筛子，精细筛选紫砂泥。在制作过程中，最重要和富有特色的是打片、围筒和捏塑等工序，不同形状的紫砂器，制法上也有差异。如圆形器，不论大小，多数采用打身筒成型的方法；而四方器、六角器、八角器等，则要采取镶身筒的制法。所谓打身筒，是把紫砂泥打成很均匀的薄片，在转盘上围成圆筒形，用木拍子拍打上端，作用是收口，用规车旋圆的泥片，要粘贴筒口内壁，然后翻过身来，便成圆形器。所谓镶身筒，即是先制成心目中的“样板”，再裁成泥片镶接。如是制作茶壶，制成壶身后，配好壶嘴、壶足、壶把，再接上去，至于壶盖则另制。一把好茶壶，壶盖应紧贴壶口内壁垒，以至拿着壶盖，能将壶身一并提起。

紫砂器成型的主要方法，是手工捏作。先捏器身，然后挖足、开脸，加工柄、嘴、盖等，从明代至清康熙年间，多用捏作的方法；清雍正、乾隆时期，出现了大量的模制产品。嘉庆、道光年间，陈曼生重创古法，又盛行捏作。李景康、张虹有很好的评说：“就印模与捏造而论，印模之法易精，在工业为进步；捏造之法难精，在技能为绝诣。故印模之法便于仿行，捏造之法则庸工不易措手也。名家之壶俱以捏造见长，坐是故耳”(《阳羡砂壶图考》)。

早期的制坯工具，主要是一种竹刀，后来逐步增添了木、角、石、金属等质料的工具，并用陶轮来拉坯和修坯。到清代，工具有十多种，包括椎、碓、镖、钗，有圭形、笏形、贝形、肾形、月形、蝎尾形等多种形状。有许多专用工具，在不同角度使用，能产生不同的功效。每一个造型，都有一些必不可少的专用工具，不同的曲、线、曲度都是由不同形式的专用工具来完成，每件工具都有其特殊的使用要求，从不可将就使用。因此一件优秀的传世作品，同时也伴有制作这一作品的工具，由此可见紫砂器制作工具与制造的关系。下面就制作紫砂器所必备的主要工具，作简要的介绍。

1.牛角类

(1) 明针：是以牛角为材料制成的薄型牛角片，用来打光器体表面。由于牛角片经过刮削成不同厚薄时，有相当的弹力和韧性，表面光滑细腻，成为紫砂器制作时所必须的工具。明针，有平头和三角两种。平头明针，一般为修光身筒时用，也称“身筒明针”；三角明针，一般为修光壶嘴、壶把、盆沿、盆口时用，也称“嘴把明针”。

(2) 线杠：用宽10～15mm厚7mm左右，长13mm左右的条状形牛角制成。是用来清理壶、盆体上各件凹凸之线条的挺括均正、流畅，是有线条的圆器、方器制作过程中必不可少的工具。

2.竹木类

(1) 规车：用竹材和铁钉制成，是具有圆规功能的工具。主要用来裁制圆形的泥片，及圆器的开口，开假底等，这是圆器制作用的必备工具。

(2) 墙车：用竹材和铁钉制成，但两个点均为刀口形的铁钉，主要为裁制同等宽度泥条时用。这是一件适合批量生产的专用工具。

(3) 木转盘：用木料在车床上车成的半矮圆形工具。是制作圆器时打制身筒，以及制作方器时，裁切标准泥片时使用。此转盘是制壶、制盆过程中经常使用到的必备工具。

(4) 木搭子：用材质细腻的硬木制成，主要用来拍打泥片、泥条等。

(5) 拍子：一般分为大小两种规格。其中大拍子通常是用材质细腻并具坚硬的木材制成，主要是成型过程中，用来拍打圆器，调整拍打方器的方直挺括及拍打壶口、盆口的平整等。小拍子是以竹子为材料。由于不同用途的功能要求，小拍子也有各种规格和造型式样，在拍子的长短、拍柄及拍头的大小、角度上存在着明显的区别，有平头拍、尖头拍、三角拍等。这是一件用途非常广泛的常备工具。

(6)滴棒：用半片小竹筒制成的工具。是利用小竹筒内壁的弧度，在一段圆柱形的泥段上，捻出圆球形的壶滴，所以称为“滴棒”，捻制的子，可以说是手工操作中必须学会的一种制作技艺。

(7)篦子：用一片竹片制成。篦子有身筒和盖子两篦子，在形式上又有圆篦和直篦之分。篦子主要是利用竹片本身的弧度，经过适当加工，磨制成与器体弧形部分相吻合的弧度，以此工具来规范这些带有弧度的部分，使整体造型的弧线流畅和谐。这是制作圆器时必要的工具。

(8)独果：用竹子或木材以及塑料等制成的两头呈橄榄形的工具。主要用来圆整器体有圆孔的地方。

3.金属类

(1)鳑鲏刀：用金属制成，通常是淬过火的铁刀或不锈钢刀。主要用来切削泥片、泥条、泥块。刀柄可以修正壶口、壶底的平面。鳑鲏刀有多种规格与尺寸，一般根据个人的使用习惯和不同功能决定。如贴竹叶时，用的尖头鳑鲏刀，一头为刃口，从事修切竹叶的边缘，另一头则专为按压竹叶径时使用。鳑鲏刀造型优美，外形像一片柳叶或一尾小鱼。此工具用途极为广泛，是制陶艺人的看家工具。

(2)尖刀：分铁尖刀和竹尖刀两种。都是在制器过程

紫砂陶制作工具

鳑鲏刀	竹拍条	木拍子
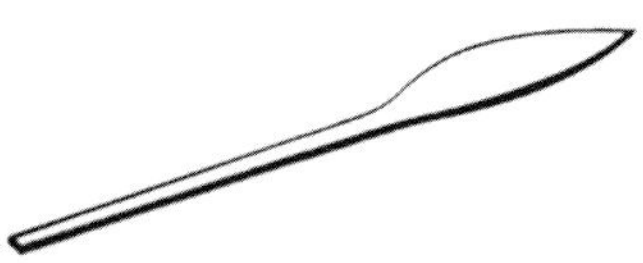		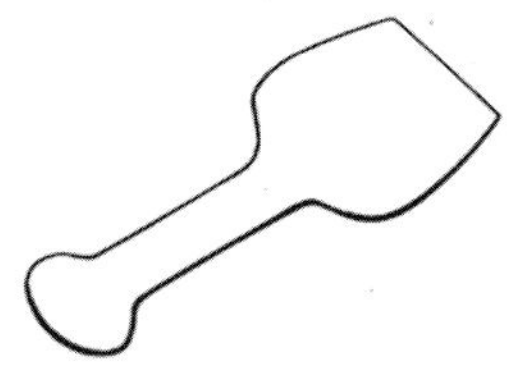
竹拍子	木锤	泥锤（木搭子）
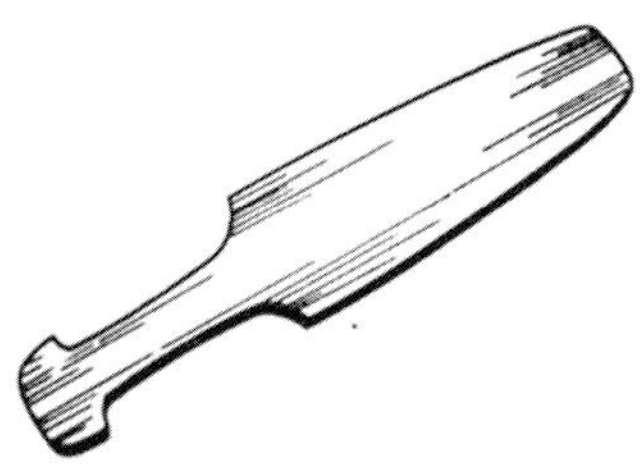		
转盘（木质）	转盘（辘轳）	圆规刀（规车）
	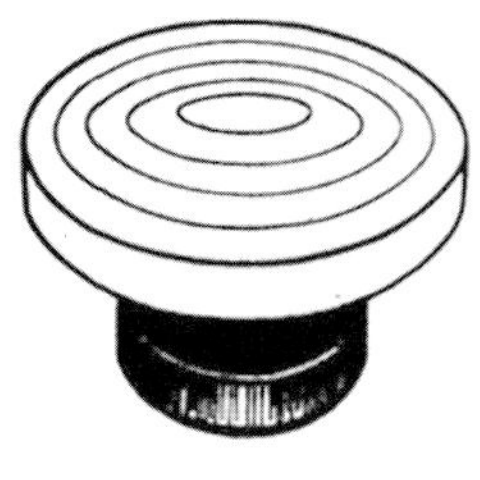	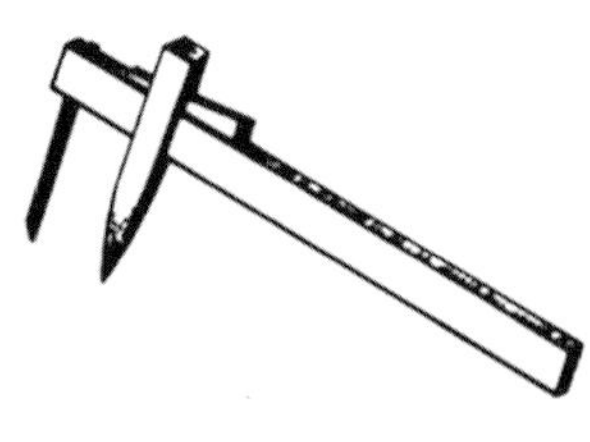

中，用来修整器体的局部所必须的工具。特别是用于器体附件，如茶壶的嘴、把、纽及其他附件的修正与打光。

(3)挖嘴刀：用钢丝敲打而成。为修整壶嘴内部平整、流畅的专用工具。

制好的坯要经过细致的修整，有些器物再加装饰。装饰方法有：贴花——堆塑山水、花草、人物、鸟兽等纹饰；绘写——以氧化铝、氧化铁或氧化镁等为呈色剂，在素坯上绘画写字；雕刻——在坯体上以阴文刻出书画。紫砂一般不上釉，也有少量用釉装饰的，大件采取泼墨法，小件采取浸釉法。一般单色上釉一次，釉绘器上釉两次。

（六）紫砂器的成型和陶刻装饰

1.紫砂成型工艺

紫砂器的成型方法，它与一般陶瓷器的成型方法不同，有一套固定的模式和整套的专用工具。它包括打泥片用的木搭子、打身筒用的木旋盘、切割用的鎊鈹刀、规车，以及刮光用的明针等。其成型的基本方法，可分为打身筒和用泥片镶接身筒两种。所谓“身筒”，就是器体。如以圆形茶壶为例，加工之初，先将泥料打成厚薄均匀的泥片和泥条，然后根据所需泥料尺寸，用规车划出并切割下来，用转盘把泥片圈成泥筒，将手垫入泥片筒，用木拍子轻轻转着打击身筒，根据造型

铜质打孔刀	打孔顶柱	竹 刮 子
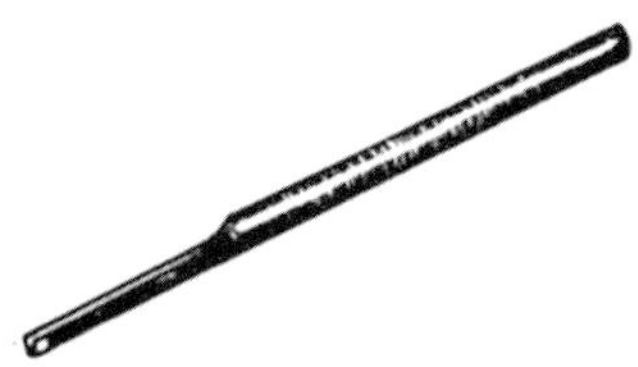		
圆 口 陀	挖 嘴 刀	牛角片（明针）
		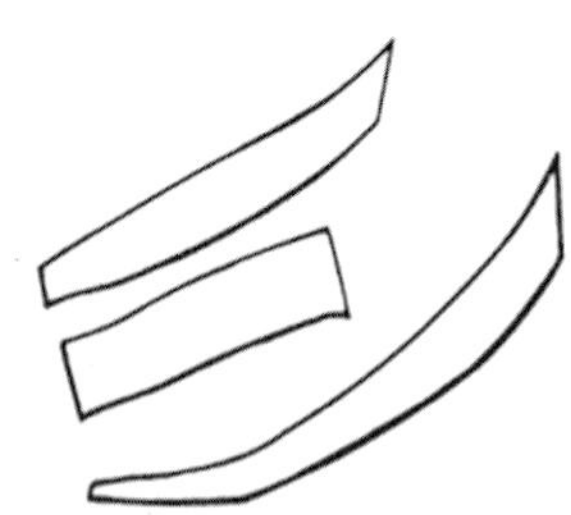

独果（气孔嘴圆）	尖刀（塑料质、牛角、钢质）

设计拍打成所需的圆形，然后装上壶把、壶嘴、壶口再接上去，至于壶盖则另制。一把好的茶壶，壶盖应紧贴壶口内壁，以至拿着壶盖，能将壶身一并提起。在整个壶完成基本形状后，稍凉一下，待干湿程度便于操作时，用明针反复地刮压，修整坯体，使造型完全与设计创意吻合。

镶接成型法，大多用于四方形茶壶、花盆、瓶、罐或六角形、八角形式样的造型。镶接法更加体现了紫砂成型的特点，以及泥料的优越性，反映出紫砂材料对造型的表现力。方器造型角多、直线多、平面多，因此，要求造型的结构合理、简洁，只有这样才能表现出方器造型的力度。然而，方器造型在技术上的要求也要高一些，因为在表面平面、直线和直角的时候，微小的工艺制作缺点，在烧成后都会留下永久的遗憾，一点瑕疵在平面上都是非常明显的。因此这些工艺制作上的要求和制约，形成了方形器物制作技术上的标准。方盆的盆身、方壶的壶身和壶嘴，都是用泥片镶接。在备制泥片时，做壶身的泥片，要求厚薄均匀一致，而做壶嘴的泥片，就有所不同，要求壶口处薄一些，壶嘴根部厚一点。在泥片打成后，非常精确地计算，并按设计要求将泥片裁好，泥片与泥衔接的口部切成斜面，敷以泥浆合拢粘结成型。壶身做好后，壶盖和底则用堆砌的方法制作，即用几层泥片相合制成，基本型制成后，后期加工的技术要求仍然很高。虽然紫砂泥有一定的强度，但是泥料潮湿时，仍然很容易变形，例如下塌、错位等，这些问题的解决，就要求制作者具有一定技巧和经验，要把握适当的时机，完成造型的整理工作。

紫砂花盆的造型，从极深的千筒盆，到极浅的水底盆，应有尽有，目前已达六百多种，可说是集器皿造型之大成。就盆口形状而言，有正方形、矩形、菱形、三角形、五角形、六角形、八角形、圆形、椭圆形、腰圆形、扁形、盾形等。就盆体形象而言，又有金钟形、花篮形、马槽形、菊花形、葵花形、海棠形、梅花形、喇叭形、鼓形、千筒形、船形、一棵印形、鼎形、荷花形等，还有各种异形盆，如桧段形、竹节形、树根形等。盆口的形式可分：直口，盆口直向上；瓢口，盆口向外瓢；窝口，盆口向里窝；蒲口，盆口似蒲包口；此外，还有在盆口加上各种线条处理，变化多端。盆脚的形式，随盆形而变化，大多富有装饰作用，同时，增加盆体空间感，有利盆底孔洞透气排水。盆脚的形式，有平足、云足、云纹足、条形足、兽面足、兽爪足、圆足、竹足、鼎足（三足斜立）、裙足、圈足、高足等。盆角的形式，也有多种，主要分：尖角，即两个盆面夹成的角，角度有大小之分；圆角，盆角呈圆弧状；抽角，盆角上抽出一条沟槽；折角，盆角为一狭长面；包角，盆角上加料包裹等。在艺术装饰上，还有：凸奎，盆上有凸起的平面；凹奎，盆上有凹下的平面；单线，盆腰上有一圈凸线；双线，盆腰上有两圈靠近并列的凸线；复线，盆口近口处和近底处各有一圈凸线；三线，盆上有三圈突线，其中一圈在近口处，两圈在近底处；底线，靠近盆底部有一圈凸线；口线，盆口上有一圈凸线；竹节，盆上有竹节纹；腰带，盆脚上有一圈凸带；浮雕状兽头等，以及正、草、隶、篆、魏碑、汉瓦、古金石索、钟鼎铭文等各体书法；花鸟、山水、人物等国画白描的各种雕刻，还有回字纹、工字纹、万字纹等花饰，集文学、书法、绘画、工艺、篆刻诸艺于一体；也有各式彩绘，其内容与雕刻大体类同。盆底孔眼，有单孔、二孔、三孔、五孔等，又有大小、方圆之分。中、小型盆栽盆，常还带有水托以配套，在几案上陈设时，可承受盆中流出之水。

在宜兴紫砂造型中，茶具是主要的品种，其次就是花盆，其三是瓶、罐、钵、盏及陈设物等。作为主要产品的茶壶、花盆，在造型形式上，大致可分为三类。一类是造型简洁明了，圆即圆，方即方，除了线角，则全部是光面，有的有少数文字、绘画外，没有其他更多的附加装饰物，这一类型，通常被称为“光货”或“光壶”、“光盆”。在形态表现上，与之截然不同的另外一种器具，其造型的基本形，是从生活中、自然中选取自然实物、果实外形，并附以茎叶、虫草等，师其造化，寻求自然之美，例如南瓜、茄子、石榴、寿桃乃至竹段、梅桩等物为基本形，追求自然情趣，这类造型，俗称“花货”或“花壶”。第三种为以花型变化而成的抽象型，如牡丹、梅花、莲花、菊花、水仙花等，此类称

为“筋纹货”或“襄货”。还有一种造型是介于光货和花货两者之间，取两者之优，如以光壶或光盆的基本形，在局部稍加点缀，或加以小雕，或以花叶、虫、草装饰造型，使造型既不显细碎繁琐，又具有自然气息，清净意趣，很受人们的欢迎。在传统的紫砂造型设计中，具象的形体、仿生的形体占主导地位，这些作品的形态表现，反映制作者的思维方式，是建立在形象思维的基础上。他们崇尚自然，将自然界的物象形态直接移植于作品上，表现了淳朴的形象思维过程。通过某些形态，象征幸福、吉祥、如意，从中清晰地感受到深厚文化传统的惯性。而现代的紫砂器，出现与传统方式的很大不同，往往以现在设计理论为指导，以现代设计的基本形式，经点、线、面、块体，大胆组合，改变传统的比例关系和构成形态，创造紫砂的新面貌。此类作品，尽管数量还不多，但它反映了传统艺术，必须在继承中求发展的趋势；在这些新作中，有超写实风格的，表现象征主义的，也有将紫砂与其他材料相结合的作品，表现形式多样；不同肌里，不同表现手法，形成不同的风格。另一些具有象征主义风格的作品，以及用暗语的手法，暗示某种主题的作品，只有当观者领会其创作全过程时，才能知道它的用途。总之，这类被人们具有现代陶艺风格的作品的出现，无疑将对传统的紫砂造型艺术产生冲击，这种冲击势必反映在创作思维和工艺技巧上，这种新观念，必然给紫砂创作带来更快发展，使优势的传统造型在原有基础上发展更加完善，并更适应现代物质和精神文明生活的需要。

2.紫砂陶刻装饰

宜兴紫砂刻绘装饰，是有着悠久历史，丰富多彩和姿形善变的艺术。在陶瓷的装饰中，大多是用彩绘和釉下刻绘，而紫砂的雕刻装饰，取决于“刻”，以刀代笔，以刻代绘，刀与笔结合，将文学、书法、绘画、篆刻，多种艺术汇集于一体，具有独特的装饰风格。紫砂陶刻历史也相当悠久。宋、元时期的紫砂器中，已有少数见有陶刻；到明初时，陶刻已普遍出现在一些名家所制作品之中。然而，那时的所谓“陶刻”，仅是用竹笔或钢刀在器底部铭刻上作者的名款。明末清初，由于文人、士大夫阶层的介入，陶刻也随之日趋兴盛。为了追求书法艺术与镌刻相结合的艺术趣味，一些书画家、金石家也参与到紫砂器的刻绘装饰中来。清嘉庆、道光年间的书画家、金石家陈鸿寿（曼生）使紫砂陶刻达于兴盛。在制作过程中，由陈鸿寿设计壶体，著名陶工负责制作，而后曼生及其文人好友题诗作画，镌于壶或花盆上。形成集造型、诗词、书法、绘画、金石于一体，成为风格独特、广泛流传和士人争相购买的紫砂器，被人们称为“曼生壶”、“曼生盆”，对陶刻艺术的赞颂也由此而起。字以器传，器随人贵。

紫砂陶刻题材和形式极为广泛，内容丰富多彩。山水、花鸟、人物、博古图案等均是入画素材，而书法则更是必不可缺的装饰内容。紫砂陶对各种书体之运用，尤为讲究，正、草、隶、篆、钟鼎、石鼓文等各种不同的书体，对不同形式，不同题材的器皿进行装饰，使造型和装饰有机结合，相得益彰。在书面装饰上，主要采用花鸟、山水、人物，特别是人称“四君子”的梅、兰、竹、菊，被广泛使用在盆类器皿的装饰书面上，写意、工笔，可放可收。在表现形式上，根据不同的题材，运用不同的刀法，进行镌刻，是紫陶刻的一大特征。紫砂陶刻，着重讲究装饰风格与器皿特征的和谐统一，在

紫砂陶刻装饰／书法·绘画（一）

刀法中，主要采用金石用刀中的“双入正刀法”、“单入侧刀法”等近十种刀法。紫砂陶刻中有写刻和空刻之分。所谓“写刻”，即是先用毛笔用墨在器皿上把所要刻的文字、画面描绘上去，然后用刀雕刻，在写刻中，又可分多种表现手法。所谓“空刻”，即是不用墨稿，直接用刀在空白的坯体上刻绘；空刻，必须要有相当深厚的书法及绘画基础，以及对各种刀法运用极其熟练，这样，才能掌握好空刻的技能。

在紫砂陶刻中，书法装饰起着极重要的作用。一件好的作品，书法的题刻，和主体之间的内涵上是息息相关。在陶刻文字内容上，涉及的范围比较广泛，通常采取吉语和祈颂之词，如“长乐安康”、“延年益寿”、“宜子孙，大吉祥”（方钟壶）、“饮之甘泉，长乐无极”（砄方壶）、“饮者寿”等，表示一种精神追求和祝福。而最为常用的还是对茶具、茶事进行描述的诗文，如对茶具的描述：“棱可摸，孤可觚，得其精意，遗其粗”（孤菱壶）；“以古之铎，为今之壶，土既代金，茶当呼茶”（汉铎壶）；“铫之制，搏之工，自我作，非周橦”（石铫提梁壶）。其他还有如“体素储吉”等对茶具描述之词。对茶事的描述，如“涤烦解渴”、“虽有甘芳，不如苦茗”、“一杯清茗，可沁诗脾”、“红泥碧树，乳凝香茶”、“雪储双砂罂，诗琢无玉瑕”、“喜共素瓯吟且酌，羡君潇洒有余清”、“客至何妨煮茗候，诗清只为饮茶多”等。再则由于当时历史时代的限制，一些文人墨客也借器寄情，把各种不同的心态，表露无遗。如“求壶不求官，干水不干禄”。反映了对仕途厌倦的心情；“南山之名，作为井栏，用以汲古，助我文澜。”借题发挥，一语双关；“嘴尖肚大耳偏高，才免肌寒便自豪；量小不堪容大物，两三寸水起波涛”（郑板桥题壶诗）。作者旷达自放，孤傲不羁的性格表露；“器堕二地，不可掇也；言出于口，不可反也，慎之哉”（曼生铭壶句）。这是对当时朝廷集权的愤微心态的流露。由此种种，紫砂陶刻所涉及的文字内容，成为整个紫砂陶中必不可少的一个组成部分。

陶刻所用刀具，一般宽3～5mm厚2mm左右，长100mm左右，刀口角度，小款为42°，空刻为47°，写刻为45°，这仅为一般基本的规格，具体使用时，应根据各自使用的适应程度而定。

陶刻刀法，有双入正刀法、单入侧刀法之分。双入正刀法，一般写刻、小款多用此法。此种刀法所刻的产品不能走稿，要完全依照所写墨迹进行镌刻，特别是刻行、草书时，用刀不能滞钝，要挺，要流畅。单

紫砂陶刻装饰／书法 · 绘画（二）

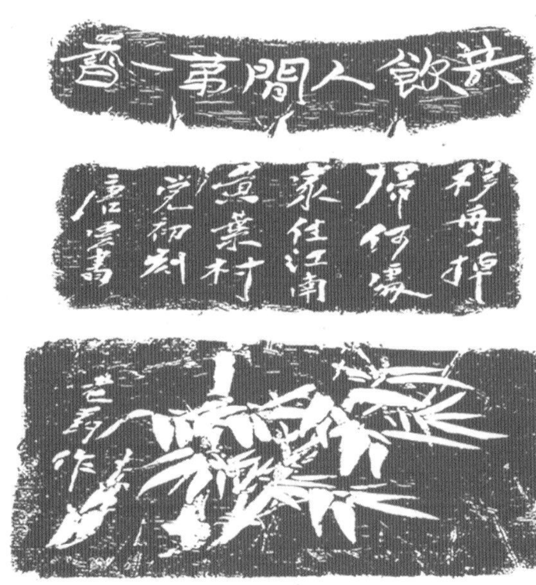

紫砂陶刻装饰／书法 · 绘画（三）

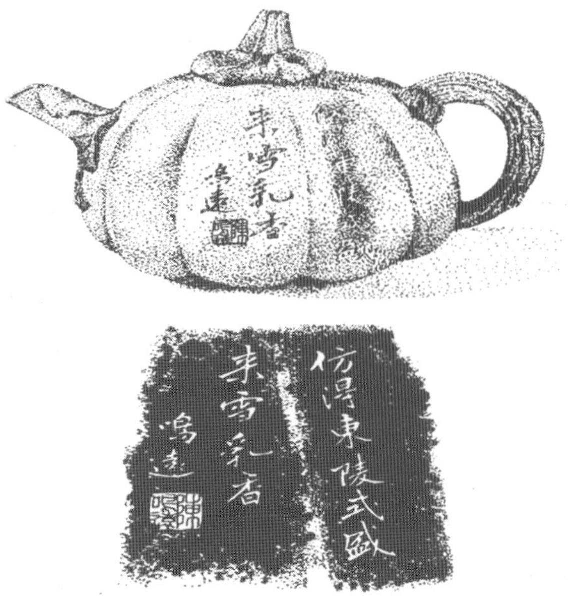

清代 · 陈鸣远／南瓜形壶
铭文：仿得东陵式 盛来雪乳香

入侧刀法，一般是空刻时所用的刀法。使用这种刀法，要有一定的绘画、书法及写刻基础，要做到“胸有成竹”。特别是在画面的表现上，犹如中国书画的写意画，要一气呵成。在用刀上，不能使用“单刀”，一些书体、盆脚上有一圈凸带；浮雕状兽头等，以及正、草、隶、篆、魏碑、汉瓦、古金石索、钟鼎铭文等各体书法；花鸟、山水、人物等国画白描的各种雕刻，还有回字纹、工字纹、万字纹等花饰，集文学、书法、绘画、工艺、篆刻诸艺于一体；也有各式彩绘，其内容与雕刻大体类同。盆底孔眼，有单孔、二孔、三孔、五孔等，又有大小、方圆之分。中、小型盆栽盆，常还带有水托以配套，在几案上陈设时，可承受盆中流出之水。

陶刻的基本表现手法，分清刻、砂地刻、着色刻、阳刻、空刻五种：

(1)清刻：即为阴刻，是一种不着任何色彩的雕刻法，壶类和盆类写刻，底款常用此刀法。这种表现手法，因为没有任何遮盖，较为容易表现出各种不同刀法的趣味性。

(2)砂地刻：主要表现书法中的钟鼎文、石鼓文，及镌刻汉砖、瓦当、古钱币等，这种技法的表现，与清刻有着紧密的关系。在砂地刻时，也有着阴阳之分，阴刻时，把所绘墨迹，用刀尖均匀地琢去一薄层；阳刻时，是把空白部分用刀尖均匀地琢去一薄层，把墨迹保留在坯体上。

(3)着色刻：是一种特定的表现手法，用于盆、瓶类紫砂器的书画装饰，画面表现主要为花鸟、山水等。着色刻犹如中国画中的“工笔画”，先把纹样的轮廓刻画好，再把需染色的部分薄薄地刮毛，然后染上色彩，由淡到深，逐层渲染。

(4)阳刻：这种表现手法，像是篆刻中的阳刻，主要适合于书法装饰的表现，其目的是把书写墨迹保留下来，把不需要的部分雕刻去，使字迹变成浅浅的平面浮雕形式。

(5)空刻：这种表现手法，使“以刀代笔”的陶刻特色表露得淋漓尽致。掌握这种表现手法必须先有较扎实的书法和绘画基础，还必须熟练掌握各种刀法的运

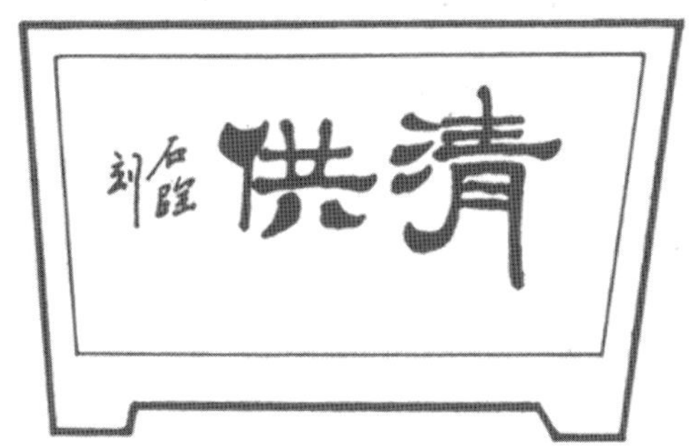

陶刻基本表现手法 · 清

紫砂陶刻基本表现手法／砂地刻（一）

紫砂陶刻基本表现手法／砂地刻（二）

紫砂陶刻基本表现手法／砂地刻（三）

用和技巧表现。雕刻时就好像在宣纸上书写和绘画，必须“意在刀尖”，才能做到“刀随意走”，雕刻出具有“写意”，美妙趣味的装饰画面。

紫砂器加彩，是清代所采用的紫砂器装饰，始自雍正朝，至乾隆时最盛。因为乾隆时期的美术工艺品皆注重工巧妍丽，倾向于重彩与装饰性，故紫砂器亦发展出一个新品种。这是把紫砂工艺同景德镇的釉上彩工艺结合起来的尝试。但这种装饰破坏了紫砂器固有的素朴本色的特点，因此在宜兴并没有进一步的发展。因为紫砂器的紫泥、朱泥、白泥、黄泥、梨皮泥等，色泽已很丰富，且浑然天成，若再加彩，便显太媚俗与炫耀。乾隆时期，王南林、杨继元、杨友兰、邵基祖、邵德馨、邵玉亭等是专门为宫廷烧制彩釉砂器（壶）的工匠，其中以高身的汉方壶较为突出。制作的方法是先把紫砂器烧好，再加彩，以低温焙烤。有些则只在素器上加绘花纹，有些则把整个表面饰以纹彩，后者使人根本不能看到原器的紫砂质。加彩紫砂器表面需平滑，因此加彩器盛行时，器形多为几何形，尤以方形与圆形为多，自然形与筋纹器较少。个别的紫砂器也有上漆的，如现美国的一个上漆四方茶壶，上面有吉祥图案，用桃、石榴，喻“多寿多子”，另一面则以百合、柿子及如意，喻“万事如意”。整件作品华丽吉祥，可能专为祝寿所造。壶底有“荆溪蔡元制”印章。这类紫砂器，由于后来发展不大，所以，流传至今的真旧雍正加彩器已不多见，极有文物价值。坊间常有以清末或民国仿造器，冒充雍、乾朝古董，大多粗粒俗器，应注意鉴别。

（七）紫砂器的印鉴款识

1.紫砂器款识表现方法

宜兴紫砂器是中国陶瓷的组成部分。紫砂器在制作过程中，盆底镌刻署款、钤印及文字符号、图案，称之为紫砂印鉴款识。不同时期的紫砂器印鉴款识，有不同的时代风格，经历了由毛笔题写、竹刀刻划至用印章钤印的工艺演变过程，同时其内容也折射到各个历史时期的经济、文化、民俗的发展变化。对紫砂器印鉴款识特征的研究，是鉴定与欣赏紫砂器的重要依据。从存世的历代紫砂器看，见于实物的是明万历年间的紫砂名匠，时大彬制紫砂壶、徐友泉制紫砂盆栽盆。

1976年秋天，在宜兴丁蜀镇蠡墅村羊角山发现的紫砂古窑址，清理、发掘三层文化堆积，最下一层为紫砂堆积层，主要遗存是紫砂壶身、壶盖、壶嘴等，经南京博物院、南京大学历史系等单位的初步鉴定，其确切年代是宋代。宋代紫砂器生产数量较大，器上均不镌款；元代宜兴窑仍在生产，据文献记载，这时的紫砂器也出现铭文，蔡司霑《霁园丛话》载：“余于白下获一砂罐，有‘切吃茶清隐’草书五字，知为孙高氏遗物，每以泡茶，古雅绝伦。”白下即今南京；罐，圆形器，古代用以烹茶。孙高氏即元代隐氏孙道明，号清隐，居室名曰“且吃茶处”。这是目前最早的刻铭文的紫砂器，后下落不明。明正德年以前的紫砂艺人，是没有文献记载。明代有文字记载的是金沙寺僧、供春。自时大彬始，至当代的紫砂器，其印钤款识的表现方法有两种：一种是胎体刀刻印章钤印；另

一种是釉上彩。胎体是指紫砂器坯体，是未入窑烧的半成品。

刀刻。是紫砂艺人在将干未干的坯体上，按事先用笔画好的文字或符号，用竹刀刻、划，以留下凹入的字痕。印章钤印通常是在尚未干透的器坯上用木印托托住坯器内底部，然后翻过来，使器底朝上，在适当位置放上印章，轻击印章尾部，移去印章后，就留下凹和凸的印鉴，因称阴文印鉴或阳文印鉴。明代的刀刻款识，因刀具和刀法不同，出现不同的效果和款识：一种是等线体字，如“五香斋”三字（见《龙语》），每个字的笔划粗细基本一致，类似今天的硬笔书法。另一种是有书法韵味的楷书或行书体款识。如福建漳浦县盘龙乡出土的鼎足圆壶，壶底有“时大彬制”楷书款。江苏无锡县文管会收藏的三足圆壶，有“大彬”二字楷书款，这两个款识，书法韵味很浓，可以想见刀刻楷书的效果。明代周高起在《阳羡名壶系》载曰：“镌壶款识，即时大彬初请能者落墨，用竹刀画之，或以印之，后竟运刀成字，书法闲雅，在黄庭、乐毅之间，人不能仿，赏鉴家用以为别。”后时大彬熟至生巧，不再请人“落墨”，而是自己以刀为笔，由此，款识赋予个人独占风格，别人无法仿效，因而成为历代鉴赏家鉴定时大彬作品的重要依据。时大彬的作法，影响了他的门生，所以李仲芳也自刻款识，有时且替时大彬刻款，但功力不逮，“手法自逊”。当时宜兴紫砂艺人，也确有部分写不了字，每有作品，辄请人落墨镌款。于是有个“工镌壶款”的陈辰，字共之，工镌紫砂器款。由此，许多作品虽出自不同艺人之手，均一人镌款，使后代鉴赏家难以鉴别。从传世器上观察，明代以刻划署款，除时大彬、李仲芳、陈辰之外，还有徐友泉、陈信卿、项圣思等一批陶艺高手。

印章。是明末清初出现的款识，仍有部分人继续用刀刻署款，同时并用钤印，如惠孟臣、陈鸣远。印模是艺人按既定文字与图案刻制，代替刀刻在紫砂器上的印鉴。印章可以不断使用，是适应批量生产的需要，常见的印章有三种：一是图案印章；二是文字章；还有图文结合的印章。最早的图案印章，是明代“独占鳌头”图的四系壶，这是迄今所见年代最早的图案印紫砂器。约1992年河北农民在天津沈阳道古物市场售出。造型、图案、色泽与文物出版社《宜兴紫砂》那一件基本相同，现存镇江博物馆，无款。文字印署款出现于明末清初，惠孟臣制水平壶已出现印章款，一般在十几字组成的诗词吉语闲章下，镌刻“惠孟臣”三字。陈鸣远制紫砂器，除刻划署款，有时在同一件器物上还钤上印章款，有“陈鸣远制”、“陈鸣远”、“陈”、“鸣远”等。图文结合的印章，以文字为主，图案多作为边框，起装饰作用。印章款识的外形，有正方形、长方形、圆形、椭圆形、异形或称肖形等。以正方形最常见，各种身份的人多用。印章的边框，以所见的有无边框、单边框、双边框、双龙戏珠框、回纹框等。

釉上彩。是在釉上钤印，仅见于康熙年画珐琅画。如四时花卉壶，在壶底釉上钤“康熙御制”印款。

印章款自清代初期始为众多紫砂工匠所接受，成为流行款识，这是适应紫砂工匠文化程度低和紫砂器批量生产，可以提高工效的需要。清代，正是中国印学发展的新时期，地处皖、浙两派之间的宜兴人，在与文人墨客的交往中必然要受到影响，事实上，清代宜兴的紫砂艺人，不仅亲聆西泠八家名士的指点熏陶，且有著名篆刻大师为紫砂艺人刻制印章，文人墨客参与紫砂器的创作，也是紫砂印章款流行的原因。印章款的字体，有楷、篆、行、隶。其中最常见的是篆体字，如清代吴大澂的“愙斋”铁线篆字印章款，“许晋候制”篆字阳文印章款，“大清乾隆年制”篆体阳文印章款。楷书印章款，如“稼丰”、“荆溪周记”、“荆溪同记”、“大彬福记”。行书印章款不多见，宜兴藏陈鸣远制四方轿顶壶，盖有行书“鸣远”椭圆形印章款。隶书印章款很难见到。紫砂器上各种字体并存的局面，自陈曼生始，他与友人在方寸之间，盈握之际，或草或篆，或行或隶，大开大合，形成字画并蓄，相得益彰的新局面。特别是铭文，几乎各种字体在紫砂器上都有表现。宜兴画家邵云如是陶业商人，在紫砂器上刻画，自然得心应手，因此有人推测，专业刻陶者应始于邵云如。此后，就出现专司刻字、刻画的刻陶艺人，其中有名的如薛怀、东溪渔隐，乃至中华民国时期陈懋生、陈研卿、沈瑞田、卢兰芳、韩泰，都是一代名家。

明清紫砂器款识，以其或含蓄或醒目的不同形式，文字的排列方式，有直排单行、双行或直排三行、钱文式排列、印章款识排列。直排单行的，如清代仿“时大彬制”。直排双行的，如清代陈曼生的“阿曼陀室”印章款。直排三行的，如时大彬的“品外居士　清赏已酉　重九大彬”及“大清　乾隆　年制”。钱文式排列，如许晋候印章，款识成钱文式。

印章款式排列，是按印章美学要求排列文字，或左二右一，或左二右二，或上一下二，或上一下一，总之不出篆刻之规定。至于紫砂印鉴的主要文字内容是作者姓名、字、号，干支纪年，斋堂室名，制者或订造者姓名，店铺商号名，诗词赋或吉语，地名款，纪事款，综合款和寄托款，以及图案款、数字款、满文款等。

姓名字号款。因宜兴窑都是小手工作坊，每个艺人，在自己作品上钤自己姓名、字号，以示与他人的区别。这种形式，自清代始为常见。如“邵景南制”、“杨彭年制”。有的姓与名分二板印，分别钤刻，如上钤“陈”，钤下一方印“鸣远”。有制造者只刻姓名的如“时大彬”三字。也有不用姓，只掇名带制字款，如惠孟臣的“孟臣制”；再有舍去姓字，只钤刻名，如“大亨”二字小圆印、“彭年”二字小印。有只刻姓，如“潘”字小印。或舍去姓氏，也不用制字，只钤刻字或号，如清代吴月亭的“竹溪”小印，及“壶痴”、“跂陶”这类别号款。此外，有用地名、姓名加制字的款也最常见。如“荆溪徐飞龙制”、“荆溪邵伯原制”、“荆溪徐温庭制”及“荆溪陈”等。

纪年款。在明清两代，有以帝王年号为纪录制作时间的紫砂器款，如“大清乾隆年制”，但并不多见。现藏台湾故宫博物院的画珐琅，四时花卉壶，底印“康熙御制”款。有以干支纪年来纪录制作紫砂器的时间，如《阳羡名陶录》载有题款“丁卯上元为耑木先生制”款，丁卯是干支，上元是丁卯年（农历）正月，旧以正月十五为上元节。《茗壶图录》载有：陈鸣远款题作“丁未杏月鸣远作古”。时大彬有题款为“甲辰秋八月时大彬制”。也有将帝王年号与干支放在一起，用以纪录制壶时间。如明代沈子澈有“崇祯癸未沈子澈制”款。

斋堂室名款。在紫砂器上镌斋堂室名的款识，多为文人墨客、士大夫或附庸风雅的行商坐贾之流。大凡镌有斋堂室名款的紫砂器，都是由当时的名流富商，重金延聘的能工巧匠制作的高档器具，下面仅列一部分斋堂室名：

堂　号	制作者	监订或堂号所属者
大宁堂	时大彬（仿）	
寒绿堂		明代彭年之室名
清德堂	邵旭茂	
万松园	冯彩霞	清代伍元华
伍氏听涛山馆	冯彩霞	伍元华
碧荷香馆	冯彩霞	
	黄玉麟	清代吴大澂
愙　斋	俞国良	清代吴大澂
	余　生	清代吴大澂
有味无味斋		清代陈曼生
阿曼陀室	杨彭年	
砚北斋		项不损
文杏馆	惠孟臣	
天籁阁	蒋伯荂	项墨林
桑连理馆		陈曼生

监制订造款。这类款识只署姓名，以标明监制订造，虽不及斋堂名室含蓄，可也开诚布公，如“邓奎符生监造”、“仁昌监制”。也有只为自己使用而订制的，就钤自己的名字和号，如清道光进士，湖北布政使黄彭年，字子寿，订制器盖内钤隶书方印“子寿”及底钤篆书方印“彭年”。清末重臣端方，字午桥，号陶斋，订制的壶以白泥为主，盖内钤篆书阳文印“陶斋”。

店铺商号款。在福建泉州港外，曾打捞起沉船，船上有大批紫砂茗壶，许多壶款为“玉香阁”，其数量之多，不会是一个工匠的作品，而是一个以玉香阁名义批量生产的商品壶，玉香阁可能是店名。19世纪末20世纪初，宜兴壶已大批生产，宜兴及江南一带专事生产紫砂器的店铺增多，紫砂器上开始有店铺标记。如：

豫丰

荆溪同记

荆溪杨记

荆溪大彬福记

万丰顺记

万丰隆记

香　记

真　记

胡兴隆。宜兴名匠王寅春、顾景舟等也建立了小作坊。除宜兴外，上海还有铁画轩、陈鼎和、吴德盛、利永公司、葛德和、平定陶业，此时的吴德盛金鼎商标也成了驰名商标。

地名款。常见的地名款有义兴、宜兴、阳羡、荆溪、蜀山等，这些地名指的是同一片土地。宜兴，古称荆溪，汉代设阳羡县，隋代改称“义兴”，唐、五代沿称旧名。宋太平兴国初年，为避讳，改称宜兴。元代为宜兴州，明清时期仍改称宜兴县。明清以来，特别清代，常见有钤地名＋姓名、地名＋姓名＋制（造）、地名＋姓、地名＋名、地名＋店名，或只钤一个“紫砂”。这些地名款，一般用以标明紫砂器的生产地区，或标明制陶者的籍贯。如“荆溪许龙文”、“荆溪徐飞龙制”、“荆溪陈”、“荆溪宏廷”、“浙宁玉成窑造”、“荆溪杨记”、“荆溪同记”、“宜兴紫砂”、“阳羡紫砂”、“宜兴名壶”等。20世纪60年代至70年代宜兴窑生产的紫砂器上，有钤“中国宜兴”。

诗词赋吉语款。宜兴紫砂器色泽典雅，造型优美，姿态多变，为配合紫砂器创作，制陶者或订造者，摘录古诗词赋，或自吟一两句刻划及钤印在紫砂器上。上海博物馆藏逸公执壶，底款阴文“中山一杯小惠逸公”。清代一扁壶，底钤篆体阳文“小安乐窝主人”。署款“子怡”的一把紫砂壶，底刻“香引古人来子怡”。当代名匠顾景舟有一方印为“啜墨看茶”。诗书蕴韵，墨香怡神。

纪事款。制陶者为朋友或订造者制作紫砂器时，为铭记其事，镌印或刻划一句话，表明意思，也有制陶者因受褒奖而述作。明代名匠李仲芳制小壶，刻款为“万历戊午秋日九月望日为叶龛先生制　仲芳”。清代名匠陈鸣远技艺精湛，文人富贾“争相揽之”，他的一把茶壶上即刻有“丁卯上元为耑先生制”。明代沈子澈制壶，款为“子澈为密先兄制”。1919年前后，程寿珍的作品，在巴拿马、芝加哥博览会上获金奖，老人很高兴，刻了一枚“□十二老人作此茗壶　巴拿马和国货物品展览会曾得优奖”异形章，用于壶底钤印留款，以述其事，□是原印不清，款为“八”字。

综合款。也有一类内容较广的款识，文字少，涉及面广。如时大彬制瓜棱壶，壶底刻款“品外居士清赏　己酉重九　大彬”，品外居士是明代大儒陈继儒的号，己酉重九，是1609年的重阳节，大彬是制陶者。既有订造者名号，制陶者姓名，又有干支款。这种包含较多内容的款识，即是综合款。

寄托款。紫砂寄托款也是个复杂问题，比同时代瓷器上寄托款复杂，归纳言之，大致有同时代人互仿和后人仿前人。

同时代互仿。几位名匠同在宜兴，各有所长，互相追摹，是正常事。有趣的是此一名匠喜欢彼一名匠所制作的紫砂器，就在该器上钤刻自己的名字，当作自己的作品，所谓“李大瓶，时大名”的故事，就是如此。据史料记载，时大彬的弟子李仲芳，制瓶技艺出类拔萃，每有佳作，时大彬见而喜之，于是钤刻上自己的名款，所以知情人喜称：李大瓶，时大名。大概此类事较多，因而传世明代紫砂器上钤时大彬名款的较多，随他学艺的弟子，却很少有作品传世。陈信卿有时也将弟子作品稍加修改，钤上自己的名款，权充自己的作品，以图高利。

后人仿前人。后世工匠仿制前代名匠作品，钤刻款都是被仿者之名款。以至后人真伪难辨。据史料记载，时大彬仿制前人作品，就钤被仿者名款。周高起有曰：“于吴冏卿家，见时大彬所仿则刻‘供春’二字。”还有一种是“用其铭翻刻者”，用火漆之类材料，经和热软化后，放在被仿者的印款上按压一会儿，冷却后，就成了与原印款一样的印，用以仿制名匠的作品，的确真伪难辨。再有是“自造铭识者”，由仿制者自撰铭识，漏洞较多，难以自圆。有时，一位名匠亡故后，原由他专用的印章遗传给家人或弟子，后代不可避免地放任使用，如杨彭年的“阿曼陀室”印，“彭年”印，程寿珍的“冰心道人印”，都留给后人，其子孙弟子在各自作品上钤刻前人印款，这种款识印鉴，若非制陶者庸工手拙，的确不易辨识。

图案款。19世纪后期，大批量生产的商品紫砂器上，出现了图案款。它是印章款，没有文，只有图案，如荷花、松树、龙、天官等。特别是盆栽盆，如明桃花泥海棠盆的《菊花图》、红泥长方盆的描彩《山水图》、清紫砂长方抽角盆的五彩《村居图》、白泥长方盆的《山水村居图》、乌泥马槽盆的《山溪行舟图》及红泥马槽盆的《山溪帆影图》等。

数字款。以数字作款，表明该作品生产的数量，据统计，陈曼生监制壶4614件，香港罗桂祥先生所藏曼生壶是第一千三百七十九号，上海博物馆收藏的是第四千六百一十四号，有的壶没有印款，只是以毛笔书写的数字。

其他文字款。清代中期，宜兴紫砂器出现了满汉两种文字并列的印章款。如“豫丰”两字的左边是两个满文。

印鉴款识是紫砂工艺的一部分。是认识、鉴赏紫砂器的重要标志，这已成为收藏的共识，由于收集资料受条件所限，诸多缺如，尚欠完备，仅供参考。

2.紫砂器款识的发展

供春之后，是董翰、赵梁、元畅又写作袁锡、时鹏，制壶四名家，他们是否在作品上刻款留名，无可知之。与这四大名家同时代的李茂林，对自己的作品已做标识。明周高起在《阳羡名壶系》有载：“镌壶款识，即时大彬初请能书者落墨……次则李仲芳亦合书法，若李茂林朱书号记而已。”这说明，镌壶刻款，自时大彬始，书法请别人写；李仲芳也刻款，而在他们之前的李茂林是不用刻款。大约在明正德、万历年间，社会各层对名匠制器的需求量大，紫砂艺人在商品流通中，意识到作品需有标记，以利竞争，所以李茂林的朱书，号记自己的作品，以供消费者辨识，这是一个质的飞跃，为时大彬刻款来临，做了铺垫。紫砂器中的紫砂壶、盆之类，自供春开始，已独立于缸、罐等粗陶，至李茂林以匣钵盛之，送窑烘烧，解决壶身黏附射釉的问题，保证器身光洁润泽，提高产品质量。从文献中看到陶艺妙手，号称“三大”的时大彬、李大仲芳、徐大友泉，设计创作了许多造型的紫砂器。时大彬的制壶技艺得到文人士大夫赞扬“宜兴时大彬制砂壶，名手也，当挟其术，以游公卿之门”（见《先进录》）。早期作者不刻款，署名是商品流通的需要，以标明作品的档次，因而李茂林“朱书号记”，作为自己作品的标记。时大彬距李茂林的时代非常近，不用朱书号记，改用竹刀在器坯上刻款，既满足商品流通的需要，且不易磨掉，在当时也不易被人冒仿。时大彬并不善书，初期只能请善书者落墨，以后熟而生巧，以竹刀画之，或以印记，后竟运刀成字，书法闲雅，在黄庭、乐毅帖之间，人不能仿，鉴赏家则用以为别。时大彬的学生也效法老师，刻款留名，蔚然成风。经过一段时间后，宜兴紫砂艺人，制品不但刻自己姓名，且刻上一二清词丽句，标上制作年月，使紫砂器的整体艺术逐渐完美成熟。

清初，康熙、雍正两朝，社会稳定，经济发展，宜兴紫砂艺人面对紫砂器的繁琐刻款流程，在款识安排上，改变只刻诗词曲赋，制器人姓名，开始尝试用印章钤镌。形式的改变，反映紫砂器款识步入新的时期，这个时期，最具代表性的是紫砂艺师陈鸣远。陈鸣远一技之能，间世特出，自明万历年至清康、雍间，百余年来，名家传器日少，因此，陈鸣远以其精湛的技艺，古雅的造型，绝倒文人墨客。这时的文人士大夫，有的已参与紫砂器的创作过程。清代吴骞曾得到陈鸣远制天鹅酒壶，壶上有曹廉让手书《庾子山诗》句。张燕昌《阳羡陶说》载：“往梧桐乡汪次迁（安），曾赠余陈鸣远所制研屏一，高六寸弱，阔四寸一分强，一面临米元章《垂虹亭诗》，一面柯庭双钩兰。”柯庭清代画家汪文伯，他曾请陈鸣远到家中制壶。这说明文人士大夫延请陈鸣远至家中制紫砂器，不仅自己使用，也参与陈鸣远制作紫砂器的过程，并亲自书写清词丽句和款识。在出土的陈鸣远作品上，其款识，在词句之后刻自己姓名，再随其后钤姓名印。蓝国威墓出土的陈鸣远作品，款识为“丙午仲夏鸣远仿古”，在其左则钤一圆印“鸣”，下边再钤“远”，均篆书阴文。陈鸣远传世作品，有方壶款为“令我胸中书传香　鸣远”，旁钤两枚方印，上为“陈鸣远”，下为“壶印”，均篆书阳文。陈鸣远作品，一般刻款与钤印并用，大多是放在一起。也有部分是刻款与钤印在不同部位。陈鸣远作品的特征，反映由刻款向钤印过渡的特点，既承继明代大家风范，和传统方式，又尝试着使用新的号记方式——钤印，把刻款与钤印结合起来，这种仿效中国画题款的布局和方法，从中看出文人对制陶工艺流程的影响。

紫砂器的发展，到清代乾隆、嘉庆、道光年间，已是“宜兴之陶，制度精而取法古，迄乎胜国诸名流出，凡一壶一卣，几与商彝周鼎并为鉴赏家所珍”。这种高度艺术美之标准，对宜兴紫砂艺人是极大的鞭策，同时也促进一部分文人投身到紫砂的设计创作中来，为宜兴紫砂器的繁荣献计献策。紫砂工艺中的重要组成部分——款识，也随之有其惊人的进步。在此时，刻款主要是满足文人士大夫闲情逸趣的工具，曼生壶上的铭文，即是如此。在这个时期，钤印印文内容，几乎代替了刻款的功用，不仅用以反映紫砂器的制作者，甚至还标明订制者的姓名、斋堂室名、商店的名号等。曼生壶的壶底常用“阿曼陀室”篆刻阳文方形印，制作者杨彭年也固定于曼生壶的把脚下，钤“彭年”篆书阳文小圆印。刻款与钤印的分开自此开始，沿袭至今，成为一种模式。需说明的是，自清代繁荣时期及以后，冒仿明清名家作品的赝品上，仍旧照仿。清康熙年间紫砂器鉴赏家陈其年说过：“时壶，市纵有人卖，往往赝物非其真。”刻疑字体，正、草、隶、篆、行都用，蔚为大观。紫砂艺人用印，各有法度，西冷八家之一的陈曼生，为搭档杨彭年亲手制印。“阿曼陀室”、“彭年”均出其手。清末收藏家吴大澂也为黄玉麟制印，此外，如邓奎邓符生有“符生邓奎监造”六字篆书阳文印，是他自己用于紫砂器上的印章。在这段时间，宜兴艺人普遍用印章代替刻款；许多紫砂艺人所用的印都很精美。这时期的紫砂器，表现出一种浓厚的民族文化精神和独特的艺术造诣，因而深受人们赞赏。

宜兴紫砂繁荣时期，名匠辈出，造型多姿，装饰手段丰富，紫砂器上，诗、书、画、印俱佳，成为这一时期的主要特征。当然，也有一些名匠高手，所用印章，简练纯朴。

（八）紫砂器的煅炼和窑炉

1.龙窑的传说

龙窑是中国制陶工人的创造，历史上，南方烧造陶瓷多用龙窑。窑成拱背形，是用砖砌的斜直焰式筒形穹状隧道，长约50～70m左右。在龙窑穹状背的两侧，即接近山坡的平面处，每间隔1～1.5m，开一个放燃料的小洞，俗称鳞眼洞，相对而开，约有数十对。龙窑内部，用砖砌成拱形，为窑膛。龙窑是以松柴为燃料，因松柴燃烧时，火焰长，热量高，烧出的陶瓷器色泽鲜明。龙窑烧陶器时，白天烟火腾腾，好像“火烧连营”；入夜，几十个鳞眼里喷出的火焰，闪闪红光，如一条火龙喷烟喷火，十分壮观。

龙窑作为煅烧陶瓷的窑炉，在中国已有一千多年的历史。至于龙窑来历，在宜兴地区流传着一个神话的传说。相传，古时候，太湖里出了一条乌龙，长大后，玉皇大帝召它上天，给与专管耕耘播雨之事。哪里发现旱情，乌龙先到太湖喝足了水，然后向干旱的地方洒雨。但是就是有一个地方，即太湖西岸的鼎山和蜀山一带，玉皇大帝规定，在那里不管发生多重的旱情，不准它去洒雨。因为这地方的老百姓不敬天帝，所以玉皇大帝要惩罚他们。乌龙遵守职责，一年四季，注意天象气候，上上下下，东奔西跑，忙着洒雨。有一次，经过鼎山、蜀山上空，看见田干地裂，老百姓死的死，逃的逃，见此情境，乌龙心里非常同情，想去降雨，又不敢和玉皇大帝讲，因此就去和龙王商量。海龙王听了直摇头，说：“少管闲事吧！触犯了天规可不得了！”乌龙想来想去，心情始终不得平静，最后没有听海龙王的劝阻，吸足太湖水，洒落在鼎山、蜀山大地上。玉皇大帝得知后，派天兵天将捉拿乌龙。乌龙不服，与天兵天将打得天昏地暗。最后乌龙寡不敌众，被乱枪戳得浑身是伤，从天上摔到地下，恰好跌落在鼎山白宕的一座小山坡上，尾朝上，头朝下。当地百姓因为亲眼看见乌龙吸太湖水，知道细雨是乌龙降的，非常感激。此时见乌龙摔在地上，鲜血淋漓，浑身是伤，就关切地问它受伤的缘由？乌龙便将触犯天条的事讲了一遍，临死前，托大家把它的尸首埋葬，并说日后必有用处。乌龙死后，百姓很悲痛，按照它的遗愿，挑来很多土，把它掩埋在原地。不知经过多少年后，葬龙的土堆上出现许多洞口，人们从洞中钻进去一看，里面全是空的，乌龙的尸首不见了，留下一条长长的地道。有人提出，把它作窑，烧陶器，结果所烧陶器，又多、又快、又透、又省柴。

从此，人们将制作的陶器放到龙肚里去烧，把这个地方称做“乌龙窑”。后来，当地人又照乌龙窑的式样造了许多窑，称为“龙窑”。龙窑筑在土坡上，龙头朝下，龙尾朝上。龙嘴是烧窑点火的地方，当地人称为“龙嘴头”；龙身上的大伤口作为装窑、开窑的进出口，称为“户口”；龙身上的小伤口是烧窑时添加松柴的地方，叫做“鳞眼洞”；靠龙头的第一对鳞眼，称为“龙眼”。现在已很少有用龙窑烧陶瓷器，但古老的传说依然流传，这说明，经几代、几十代人创造和使用的过程，是充满着艰辛和困苦，这种感情的凝聚，有如饮水寻源，不是一帆风顺的。今天，鼎山的龙窑，已成为人们游览观赏的胜地。它向人们诉说着它昔日的辉煌和荣耀，激起人们对过去的追思，并唤醒人们对未来的憧憬。

2.现代焙烧紫砂器炉窑

中国是烧造陶器最早国家之一，也是创造窑炉最早国家。陶瓷是土与火的艺术，只有将两者尽善尽美的结合，才能创造出形美色丽的陶瓷艺术品。

在宜兴烧造紫砂器所用的窑炉，有龙窑、倒焰窑、隧道窑、电窑和煤气窑等。

(1) 龙窑：其历史、传说、形态、功能，在前面都有记述。龙窑的结构，分窑室、窑顶、投柴孔、窑底、预热燃烧室、排烟孔也称吸火孔、烟囱、窑门。所用的燃料是松柴、茅草，后期改用煤为燃料（见下图）。

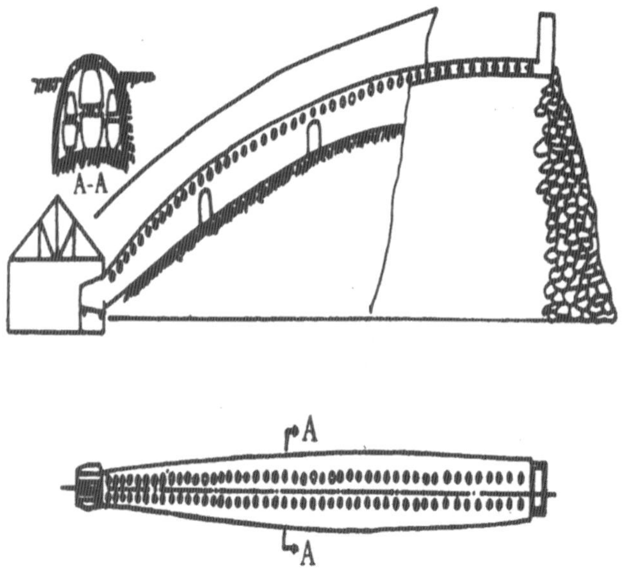

龙窑结构示意图

窑室。指装烧紫砂器的空室。窑室的长度不一，是按期烧制产品的数量和品种而定。

投柴孔。窑顶呈拱形，拱顶两折沿纵向对称，设有两排投柴孔，孔径是8～20cm，两孔间距是0.7～1.2m，每窑投柴孔的数量是40～90对。

预热燃烧室。在窑顶设有一只倾斜炉栅式预热燃烧室。后期的宜兴改烧柴草为烧煤，燃烧室1.6～2m，宽0.8～1m，高0.7～0.8m；广东一带烧柴，在预热燃烧室正面和拱顶两侧设三个投柴孔，燃烧室长1.2～1.8m，宽和高均为1～1.3m，灰坑宽0.8～1m，深0.3～0.8m。此外，在窑尾设有排烟孔和烟囱。

龙窑特点是：结构简单，用材方便，造价便宜，建造容易，投产较快；没有固定的烧成带，烧成点随时间和温度，沿窑长方向，自下而上逐步移动；热利用率较高，烧成前面坯件的热烟气能预热后面的坯件；冷却前面产品的预热空气，又能供后面制品烧成时助燃。但因生产周期，一般每窑次须4～6天，烧柴预热的窑，需24～44小时；烧煤预热的窑，需50～80小时。燃烧局限性大，一般只适宜烧松柴，成本高，燃料来源受限。在20世纪50年代后，宜兴已不用龙窑烧紫砂器。

(2) 倒焰窑：随着时代进步，倒焰窑逐步替代了龙窑。倒焰窑按烧成室形状可分为圆形与矩形两种，是一种间歇式火焰窑炉。其工作原理是将煤加进燃烧室的炉栅上，一次空气由灰坑穿过炉栅，经过煤层与煤燃烧。燃烧产物自挡火墙和窑墙所围成的喷火口喷到窑顶，再自窑顶经过窑内制品倒流至窑底，由吸火孔、支烟道向烟囱排出。在火焰流经制品时，其热量以对流和辐射的方式传给制品。由于火焰在窑内是窑顶倒向窑底流向，所以称为“倒焰窑“(见下图)。因此窑身由燃烧室、挡火墙、看火孔所构成。其特点是：窑室容

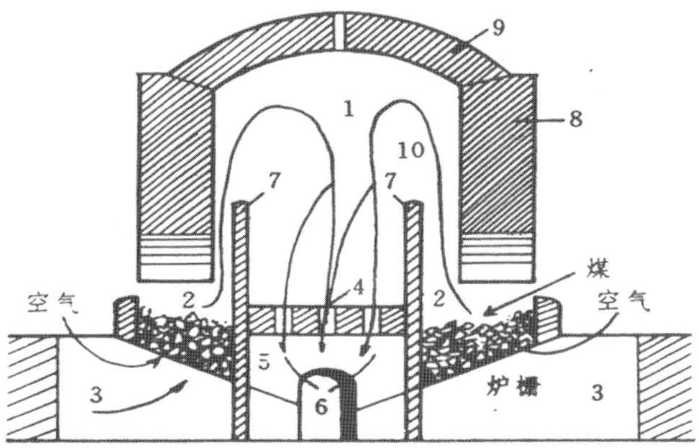

倒焰窑工作流程示意图

1.窑室 2.燃烧室 3.灰坑 4.窑底吸火孔 5.支烟道 6.主烟道 7.挡火墙 8.窑墙 9.窑顶 10.吸火孔 11.煤 12.空气 13.炉栅

积变化范围大，小到1立方米以下，大到150立方米以上，烧成制度较易变动，应用范围广，生产灵活性大；热烟器在窑内自上而下垂直倒流，使窑内温度和气氛的均匀性较好；操作管理较简单，生产技术容易掌握、提高。由于倒焰窑是以煤或油为燃料，对环境污染大，窑墙、窑顶保温也不足，热损失大，因此现在已不用它烧紫砂器。

(3) 隧道窑：是一种连续式窑炉，就是指陶瓷制品的装、烧、冷、出等操作工序，是连续不断地进行。按工作隧道的不同，隧道窑可分为直线形、圆环形和U字形几类。在陶瓷工业中以直线隧道窑应用最广。紫砂工艺厂用的就是直线隧道窑。工厂一般使用的是窑连式隧道窑，是由前后彼此连接，上面铺有耐火材料的窑车，沿窑底轨道借推车机推移前进，构成可动窑底。陶瓷坯件或装有坯件的匣钵，装码在窑车台上，随窑身移动，经预热、烧成、冷却后出窑。车台面以上的窑道称为工作通道；车台面以下的窑道称为车下通道。在窑车的两侧设有砂封裙板，窑车在窑内进行时，砂封裙板插入设在窑道底部两侧填有砂子的砂封槽内，阻止工作通道与车下通道内的气体互相渗漏。同时，在窑车与窑墙以及窑车与窑车之间还做成曲折密封的形式，给窑车上下漏气的通路造成较大的阻力。

一般的陶瓷工业隧道窑，长在15～100m，内宽和内高都在两米以下。包括窑体、窑内输送设备、燃烧设备、通风设备四个部分。隧道窑的窑体砌筑在坚固的钢筋混凝土窑基上，窑车及车上装载的制品、窑具等所受的重力，由这个基础承受，所以基础应长期保持轨道的严格水平和正确的窑体位置。

连续隧道窑的特点是，生产周期短，产量大，产品质量稳定，产品率高；热利用率高，单位产品的燃料消耗低；改善了劳动条件，降低了劳动强度；有利于实现生产机械化与自动化；窑体使用寿命长，减少了经常维修窑炉的费用，降低了成本。由于隧道窑的建造所需材料和设备多，一次性投资费用大，运用灵活性较小，适应于大量生产同一类型的产品。

匣钵，是用耐火材料制成的圆盆子。在宜兴大约从明代中叶就使用匣钵，装紫砂器焙烧。这主要是为了提高产品的成品率及紫砂器表面发生火刺，防止坯体变形，不让灰渣、粉尘落在制品上，以及避免出现明火引起的色泽不匀，同时也是为了提高坯体装窑的密度，充分有效地利用窑内空间。匣钵只是在龙窑、倒焰窑以及隧道窑中使用。

(4) 电热窑炉：是科学事业不断发展的产物，随着陶瓷已超越日用、建筑及一般工业用途的范围，而应用于电子工业、原子能、火箭、宇宙科学等尖端技术之中。

陶瓷工业使用的热工设备，从操作上，可分为连续式和间歇式；从使用的热源上，又可分为火焰式和电热式。电热窑炉一般是通过电热元件，把电能转变成热能，这就要进行电热元件的选择、电热元件尺寸的计算、供电与控制设备的选择与计算，由于没有燃料燃烧的问题，所以不需考虑供给空气、排除燃烧产物等通风设备。从结构与操作上看，电热窑炉没有燃烧设备，一般也不需要通风设备，结构简单，占地面积小，加热空间紧凑，空间热强度高，热效率高；窑内制品不受烟气及灰渣等影响，窑内气体洁净，温度调节

灵敏，便于实现精确控制。特别有利于无匣钵烧成或彩烤高档细瓷、薄胎釉下彩制品及其他对烧成有严格要求的小件陶瓷制品。

电热窑炉按电能转变为热能的方式，分为电阻炉、感应炉、电弧炉、电子束炉和等离子炉等五类。

(5) 煤气、石油液化气窑：煤气用于大规模生产，烧成气氛稳定，成品率高，一次性投资大。煤气窑的工作原理是在煤气发生炉中，将煤烧成煤气，并储存到煤气储存罐中，通过管道输入到窑内，根据烧成温度的不同，煤气用量逐渐加大。到高温带时，煤气用量最大，而后，逐渐降低，至冷却。

石油液化气为燃料的陶瓷窑炉，近年来发展很快。此类窑炉以生产规模的大小分许多类型，小的窑炉用家庭烧饭的罐装液化气就可以，十分方便，烧成气氛稳定，并可以烧不同的气氛，无需匣罐，窑内气体清洁，操作方便，极利于小型工厂和家庭使用。

有了窑炉，并不等于就能烧出优质陶瓷器，特别像紫砂这类陶器，在烧成的时间、火度以及烧成气氛的把握上，还是需要相当的经验。《紫砂春秋》中曾指出：一炉火，燃烧时，随着温度的升高，陶坯的颜色也不断变化，400℃时呈暗红色，600℃时呈鲜红色，800℃时呈桃红色，1000℃时呈樱桃色，1200℃时呈浅黄色，1400℃时呈白色，直到1600℃时呈无烟无焰的耀眼白色。这一切全靠烧窑工人的熟练技巧，依靠眼睛的直观，凭借经验，根据火焰的温度和坯件的变化，而增减燃料和空气流量，缩短或延长烧炼时间，使产品合乎要求。窑火要烧到1000℃左右，陶器才能烧成，所谓“千度成陶”。紫砂陶烧成所需的窑火温度在1000～1250℃之间，这种窑火很难掌握。“过火则老，老则不美观，甚到发泡；欠火则稚，稚沙土气。”这些均进一步印证了陶瓷艺术与火的关系。

紫砂坯体做好后，在入窑焙烧之前，是晾干过程。晾干，最好是将泥坯放在阴凉处，不宜急速干燥，使坯体逐渐干透。经过自然干燥的紫砂坯体，由于是在自然环境下缓缓而干，干燥程度均匀，因此坯体不易开裂。假如急于干燥，往往发生坯土外干内湿，则容易使坯体发生裂缝。有时坯体上的内伤，烧成后，才显现出来，至为遗憾。坯体完全干燥后，装入匣钵，然后搬入燃烧室，像安放笼屉一样，将匣钵摞套起来，入窑煅烧。

匠师篇

一、宜兴历代著名紫砂艺人名录

1．金沙寺僧　明正德年间人。姓名、法号未详。是中国紫砂史上有文字记载的第一位陶艺家。金沙寺遗址在宜兴县东南四十里，今丁蜀镇附近，不远处即是古代龙窑群。清吴骞《阳羡名陶灵》载曰："僧，闲静有致，习与陶缸、瓮者处，抟其细土，加以澄练，捏筑为胎，规而圆之，刳其中空，踵传口、柄、盖、的，附陶穴烧成"，僧运用自己的智慧，设计制作了别于他人的紫砂壶，受到人们的喜爱，"人遂传用。"金沙寺僧制壶，惜无实物传世。

2．供　春　明正德年间人。以其系龚姓，亦名为龚春。系学宪吴颐山家童，侍奉吴颐山读书金沙寺中，给使之暇，窍仿老僧心匠，随老僧淘土澄练，控制壶胎，"指掠内外，指螺纹隐起，可按胎必累按，故腹半尚现节奏，视以辨真。"周高起赞誉供春作品："栗色暗暗，如古金铁，敦庞周正，允称神明垂则矣。"储南强先生损献的供春树瘿壶，现藏中国历史博物馆，但真伪难辨，争议较多。

3．董　翰　明万历年间人。号后谿。是当时四大制壶名家之一，"始造菱花式，已殚工巧"，作品工巧驰名，以菱花四瓣为基本图案，变而组合成八角菱花壶。董翰壶今已无存品，署款方式未详。

4．赵　梁　明万历年间人。又写作赵良，与董并为四大名家之列。工制壶。赵良壶今已无存，署款方式未详。

5．元　畅　明万历年间人。又名元锡、袁锡。与董、赵并为四大名家之列，工制壶。元畅壶今也无实物存世。署款方式未详。

6．时　朋　明万历年间人。又名时鹏，时大彬之父，与董、赵、元并称四大名家。周高起认为，"四名家并万历间人，乃供春之后劲也，董文巧而三家多古拙。"时鹏壶未见存世实物。署款方式未详。

7．李茂林　明万历年间人。名养心，排行第四。擅制小圆壶，"圆而朴致中，允属名玩。"是他开创把壶坯装入匣钵进窑焙烧的新工艺，改变了已往壶坯在窑中直接烘烧，粘附射釉之弊。这也成为鉴别明代不同时期紫砂壶的重要依据。李茂林壶真品尚未见到，后世有仿制。署款方式未详。

8．时大彬　明万历年间人。号少山。时朋之子。是中国紫砂史上成就极高的陶艺大师，对后人影响至今不衰。周高起曰："陶肆谣云：壶家妙手称三大，盖谓时大彬及李大仲芳、徐大友泉也。予为转一语曰：明代良陶让一时，独尊少山。"

时大彬巧用不同原料，不同泥色，设计制作造型各异的紫砂茗壶，宛若天成，妙不可思，他所用砂土泥料粗，并在其中掺入粗砂，作品妍媚而朴雅坚栗，大多"银砂闪点"，成为大彬壶的特征之一。时大彬以仿供春壶得手，做大壶，后与文人士大夫交游，听陈眉公等人的品茶试茶之论说，改做小壶。以其制壶，自明代已受人喜爱，所以传世作品很多，在国内外各大博物馆多有收藏。特别是近四十年来，在江苏省江都、无锡，福建省漳浦和四川省，从有明确纪年的墓葬中，出土的有时大彬壶，为认识时大彬作品提供实证。

时大彬是中国紫砂史上有明确文字记载，在作品上署款留名的第一位陶艺家，尤擅壶艺，从出土四把壶，都有时大彬署款。采用竹刀刻划方法，以楷书入款。字迹工整遒劲，文字排列均直排单行。”时壶名甚远，即遐陬绝域犹如也”，时大彬技艺精湛，知名度高，也是众多工匠追慕目标。明末清初，尚可见其真品茗壶，但仿者很多。清代数百年间，宜兴壶艺家能亲见大彬真品机会极少，但其影响持久不衰，因此有的仿品就出现“时大彬制”四字方印印章款，有无框直排单行“时大彬制”四字印，也有篆书、楷书入印者，均与时大彬刻划有别，字体有异，不难识别。

9．李仲芳　明万历年间人。李茂林之子，及游“大彬之门，为高足第一，制渐趋文巧，其父督以敦古，芳尝手一壶，视其父曰：老兄者个何如？俗因呼其所作为老兄壶。”仲芳“以文巧相兢”，今世所传大彬壶亦有仲芳作之，大彬见赏，而自署款识者，时人语曰：“李大瓶，时大名。”所以世所存时大彬壶，亦有李仲芳之作。

李仲芳作品，文巧精致，古朴不足，筋纹货居多，传世作品不多。李仲芳也在自己作品上刻款留名，书法有致，有时在老师作品上刻时大彬之名，手法不一，虚实难分。传世作品有瓜棱壶、觚棱壶。

10．徐友泉　明万历年间人。名士衡。本仕途中人，“其父好时大彬壶，延致家塾，一日，强大彬作泥牛为戏，不即从，友泉夺其壶土出门而去，适见树下不眠牛将起，尚屈一足注视，捏塑曲尽厥形状，携以视大彬，一见惊叹曰：如子智能，异日必出吾上，因学为壶。”（《阳羡名陶录》）因专心陶艺。以自己的智慧和修养，异智穷工，创制多种款型的茗壶和花盆。茗壶有汉方、扁觯、小云雷、提梁卣、蕉叶、莲方、菱花、大莲顶等及存世的高腰圆蒲包口和长方蒲包口花盆及上海植物园藏的折角云足长方花盆，用刻划方法留款，常以楷书“友泉”二字入款。

徐友泉作品精巧雅致，为人喜爱，并配制与各种造型相匹配的泥色，如海棠红、朱砂红、定窑白、冷金黄、澹墨沉香、葵黄、梨皮等。别出心裁，宜人耳目。

11．欧正春　明万历年间人。时大彬的弟子，擅长制作摆件，花卉果物，式度精研。

12．邵文金　明万历年间人。时大彬之弟子，以仿制时大彬汉方壶独绝，而无出其右者。

13．邵文银　明万历年间人。时大彬之弟子，与欧正春、邵文金均未见传世实物，署款方式未详。

14．蒋时英　明万历年间人。字之敷，后改字伯荂。时大彬之弟子，擅长制壶，“所作坚致不俗也”，为名流所重，多有延聘为之制壶。先后为陈继儒、项元汴等制壶。陈继儒为蒋时英改字伯荂，并在其作品上题铭。项元汴是明代嘉靖、万历间人，字子京，号墨林居士，著名的收藏家，设计壶式请蒋时英制作，世称“天籁阁壶”。后时英客居苏州，因与文士交往，讳言本业。传世作品不多，署款方式未考。

15．陈用卿　明万历年间人。“与蒋时英同工而年技俱后。”制作壶式尚工致，造型有莲子、圆珠等诸制不规而圆，款仿仲繇笔意，落墨拙而用刀工。传世作品少见。有草书入款的如意壶，真伪未考。

16．陈仲美　明万历年间人。原籍江西婺源县人，“造瓷于景德镇，以业之者多，不足成其名，弃之而来（宜兴），好配壶土，意造诸玩”（《阳羡名陶录》）。不仅制壶，还创作紫砂雕塑，“塑大士像（观音像），庄严慈悯，神采欲生。”他还创制文房用器、文玩摆件，如香盒、花杯、狻猊炉、辟邪、镇纸、重镂叠刻，细极鬼工。壶像花果，缀以草虫，或龙海涛，伸爪出目。

17．沈君用　明万历年间人。名士良，年少驰名，人称沈多梳，“多梳”为垂髫儿童的俗称。明代制陶名家，作品“踵接陈仲美之智，而妍巧悉敌，壶式上接欧正春一派。至尚象诸物，制为器用，不尚正方圆，而盖口准缝，不苟丝发。”沈君用擅长配制与器物相呼应的泥色，人称“色相天错，金石同坚，巧妙工致。”

18．惠孟臣　明末人。精陶艺，工治小壶，传世作品极多。后人多有仿品，并镌刻孟臣款。有刻明天启款，也有刻清雍正款，前后约百年，方式方法多种多样。如能将孟臣款作一排列，分析整理，将会了解明清之际镌刻壶款风格有所帮助。孟臣壶广受好评，在欧洲曾被仿制成银器，以飨贵族雅好。

19．陈鸣远　明末清初人。名远，号鹤峰、壶隐、鹤村、隈村。主要创作活动在清初康熙年间。其“一技之能，间世特出，自百余年来，诸家传器日少，故其名尤噪”(《阳羡名陶录》)。所以他是清初最有影响力的陶艺家，技艺精湛，全面，花货、素货、筋纹货、文玩摆件，均精雅俏丽，是与时大彬并列的陶艺大师。他借鉴自然界中的植物形态，通过巧妙的构思，使其成为新型的茗壶或文玩造型，生机勃勃，疏密有致，因此足迹所至，文人学士争相延揽，如浙江海盐馆张氏之涉园、桐乡画家汪文柏、海宁曹廉让等都请他制作紫砂器。汪文柏曾诗赞曰：“陈生陈生今绝伦”。他的高超技艺，不仅“海外競求鸣远碟”。且《宜兴县志》也记载：“陈鸣远工制壶、杯、瓶、盒，手法在徐、沈之间，而所制款识，书法雅健，胜于徐、沈，故其年未老而特为表之。”

陈鸣远是紫砂器刻划钤印转换时期的代表人物，他不仅用刻划方式署款留名，也使用印章。刻划款主要用在紫砂器腹部、底部，印章主要用于壶盖内、壶底等部位。印文主要内容有“陈鸣远制”“陈”“鸣远”“鹤村”“隈村”等。陈鸣远在刻划款钤印方式上，起着承上启下的作用。即继承明代陶艺家显示自信，追求典雅质朴的艺术风格；又开启清代钤印留名，以印代刻、诗、书、画相得益彰的新局面。

20．项圣思　清初人。清代初期宜兴紫砂壶艺家。有紫砂桃杯传世。

21．陈文居　清雍正、乾隆年间人。紫砂艺师。善制茗壶、花盆。今日本尚藏有其作品。

22．陈文伯　清雍正、乾隆年间人。紫砂艺人。擅于制作茗壶、花盆。

23．杨季初　清雍正、乾隆年间治壶高手，善制菱花壶。如今，有一存世长方古盆，盆底落款“杨季初”三字印章。盆的前后两壁，用色泥描绘了一幅《山野村居图》，远山近树，屋舍小舟，俨然一幅世外桃源景象。韵味高洁，清新隽永。

24．潘绒雄　清嘉庆、道光年间人。制陶名家。擅制紫砂器，技精艺巧，水平高于同时期的杨彭年。

25．陈曼生　(1768～1822年）浙江钱塘（今杭州）人。字子恭，名鸿寿，号曼生、曼公，别号夹谷亭长、种榆道人。工书法，能画山水、花卉、兰竹，善篆刻，是嘉道年间西冷八大家之一。篆刻取法秦汉，旁及丁敬、黄易，擅于切刀，刀法纵肆爽利，对后来取法浙派者影响很大。嘉庆年间宰宜兴县三年，主持设计十八种茗壶新造型和紫砂花盆，事实上远不止此数。请杨彭年参与制作，壶身、盆身，刻诗、书、画；底钤“阿曼陀室”印，壶把脚钤“彭年”小椭圆印。因造型新颖，质朴古雅，兼书法、诗画俱精，遂风行四方，为紫砂爱好者争相收藏，人称“曼生壶”“曼生盆”。陈曼生不仅设计曼生壶，即在此之前即参与制陶，并为杨彭年刻印。”阿曼陀室”印文为篆字阳文方印，还用“桑连理馆”“彭年”“曼生”等印。著有《种榆仙馆印谱》、《桑连理馆集》等。

26．杨彭年　清嘉庆年间人。字二泉。陶艺家。制茗壶、花盆，温润素朴，随意控制，自成风韵，参与陈鸿寿制壶，“寻常贻人之壶，每器二百四十文，由陈鸿寿题镌者，须加价三倍。”“确是壶依字贵。”

杨彭年用印，有“阿曼陀室”四字篆文方形印，多用作底印；“彭年”二字小印用于曼生壶把脚下部，此外，还有“杨彭年造”四字阴文篆书六市印。“阿曼陀室”印章在杨彭年谢世后，仍由其家人继续使用。“曼生器”成就高影响大，售价获利丰厚，因而自清嘉道年间就有人仿制。中华民国时期，更有制壶高手在上海专事摹制。

27．杨葆年　清嘉庆年间人。杨彭年胞弟，制陶高手。

28．杨凤年　彭年之妹。紫砂技艺不让乃兄。作品构思巧妙奇特，雕工细腻精致。她创新设计的“覆钟壶”等，技精艺绝。她是宜兴紫砂史上杰出的女陶艺家。

29．邵大亨　清道光、咸丰年间人。宜兴陶艺大师，是承上启下的一位划时代巨匠。上承时大彬、徐友泉、陈鸣远；下启王寅生、顾景舟。作品形制简练质朴，气势恢宏，庄重大度，达到雅俗共赏的艺术高度。

邵大亨创制了“鱼化龙壶”，设计精巧，壶盖上有活动的龙头，龙头内有活动的龙舌，斟茶时，壶身偏侧，龙头与龙舌皆向前伸出。原料多用天青泥，作品有很强的个性特征，后人仿制，很难达到其作品的艺术高度。用印有椭圆形“大亨”二字印。

30．黄玉麟　清末制陶名家，主要创作活动在咸丰、同治、光绪、宣统及中华民国初年。作品工整周正，造型精巧，并注意选泥，泥色与造型谐调呼应。其所制壶和紫砂盆景，在著名收藏吴大澂府上，观览历代钟鼎彝器后，借鉴其造型，仿制创作的新品宝藏。

黄玉麟制作茗壶，底有阳文铁线篆书“淞斋”印，即是为吴大澂所制。盖内也常钤有一个椭圆形“玉麟”二字阳文楷书小印。其紫砂盆，自然天趣，是其与众不同处，为收藏家珍爱。

31．江祖臣　中华民国时期人。宜兴窑制壶艺人。当代陶艺大师裴石民的姐夫，也是其师傅。擅仿明清名家作品。

此外，除了以上这些著名紫砂匠师外，还有一些是出于爱好，精于紫砂陶艺，名骚当时的，如：

陈　辰　明末人。字共之。是宜兴紫砂艺匠中人，多有请其代镌壶款，人称“陶之中书君”，亦治壶。

项　真　明崇祯年间人。字不损。原籍槜李（今浙江嘉兴）人。以诸生贡入国子监。《阳羡名陶录》载：“不损故非陶人也，尝见吾友陈君仲鱼藏茗壶，底有‘砚北斋’三字。旁署项不损款。此殆文人偶而寄兴所在。然壶制朴而雅，字法晋唐，虽时李诸家何多让焉。”

陈子畦　明崇祯年间人。擅仿徐友泉作品，被当时的人们所喜爱。

裴石民　原名德民。念过私塾，14岁拜江祖臣为师。20世纪20年代，已跻身名家之列。曾为供春、项圣思、陈鸣远等名匠遗作配器。作品造型简洁明快，古雅周正。30年代制“悟奇治陶”印章款的紫砂器，后用“石民”等印款。

当代宜兴，紫砂匠师高手辈出，名师云集。紫砂陶盆新款迭出，琳琅满目。在此就不一一列叙。有必要，可参阅吴达如编著，香港大世界出版公司出版的《当代宜兴陶艺名家集》和《中国紫砂盆艺大观》（2002年版）。

二、历代陶艺家姓氏、人名款索引

二画：丁
三画：于
四画：王、元、毛、邓
五画：冯、卢、申、史、叶
六画：刘、江、许、光、吕、华、任、朱
七画：汪、沈、应、李、束、杨、闵、吴、时、陈、陆、何、余、邵、张
八画：房、郑、欧、范、周、金、供、季、承
九画：施、赵、项、胡、咸、俞
十画：郭、高、凌、夏、顾、徐、钱、倪
十一画：梅、曹、黄、萧
十二画：谢、彭、惠、韩、蒋、葭、裴、程、储
十三画：路、锦
十四画：谭、蔡
十五画：潘
十六画：薛、鲍
十七画：魏
十八画：瞿

二 画

丁洪顺　当代紫砂壶艺人

三 画

于　廷　清代雍正、乾隆年间制壶艺人
于子良　清代咸丰年间制壶艺人

四 画

王南林　清初壶艺家
王元美　清代制壶艺人
王东石　清代制壶艺人
王胜长　清代制壶艺人
王玉林　中华民国时期制壶艺人
王玉仙　中华民国时期壶艺家
王寅春　当代著名壶艺家
王石耕　当代壶艺家
王振国　当代壶艺家
王生娣　当代制壶艺人
王秀芝　当代制壶艺人
元　畅（又袁锡）　明代万历年间著名壶艺家
毛国强　当代紫砂艺人
邓　奎　清代嘉庆、道光年间参与创作的著名壶艺家

五 画

冯彩霞　清代咸丰、道光年间著名壶艺家
冯桂林　中华民国时期著名壶艺家
卢兰芳　清末民国时期著名紫砂艺人
申　锡　清代著名壶艺家
史万全　清初制壶艺人
史继长　清初制壶艺人
史维高　清初制壶艺人
叶惠毓　当代紫砂艺人

六 画

刘福兆　中华民国时期紫砂艺人
刘惠大　当代制壶艺人
刘风英　当代制壶艺人
刘建平　当代制壶艺人
江案卿　清末壶艺家
江祖臣　清末民初壶艺家
江建翔　当代紫砂艺人
许晋侯　清初壶艺家
许龙文　清初壶艺家
许昇侯　清初壶艺家
许四海　当代紫砂收藏家及作者
许成权　当代紫砂艺人
许艳春　当代紫砂器作者
光　裕　清末民初制壶艺人
吕尧臣　当代著名壶艺家
华风翔　清代壶艺家
华祯祥　清代壶艺家
华君德　清代制壶艺人
任淦庭　当代著名紫砂艺人
朱石梅　清代嘉庆、道光年著名壶艺家
朱可心　当代著名陶艺家
朱　复　当代制壶艺人

七 画

汪宝洲　中华民国时期制壶艺人
汪宝根　中华民国时期壶艺家
汪生义　中华民国时期制壶艺人
汪寅仙　当代著名壶艺家
沈君盛　明代崇祯前后壶艺家
沈君用　明代万历年间著名壶艺家
沈子澈　明代崇祯年间著名壶艺家
沈瑞田　清末制壶艺人
沈孝鹿　中华民国时期制壶艺人

沈遽华　当代著名壶艺家

沈汉生　当代制壶艺人

应　华　清代制壶艺人

李茂林　明代万历年著名壶艺家

李仲芳　明代万历年著名壶艺家

李宝珍　中华民国时期制壶艺人

李昌鸿　当代著名壶艺家

李碧芳　当代著名壶艺家

李美金　当代制壶艺人

李正华　当代制壶艺人

李慧芳　当代制壶艺人

束凤英　当代制壶艺人

杨怀仁　清代雍正年间壶艺家

杨友兰　清初壶艺家

杨彭年　清代嘉庆年著名壶艺家

杨宏年　清代嘉庆年壶艺家

杨凤年　清代嘉庆年壶艺家

杨履曾　清代制壶艺人

杨继元　清代雍正年间壶艺家

杨季初　清代雍正年壶艺家

杨莲生　清代制壶艺人

杨勤方　当代紫砂艺人

闵　贤　明代制壶艺人

吴天成　清初陶艺家

吴阿昆　清代壶艺家

吴月亭　清代嘉庆年壶艺家

吴阿根　清代光绪年壶艺家

吴纯耿　中华民国时期制壶艺人

吴虎根　清末制壶艺人

吴芷来　清代制壶艺人

吴天成　清中期制陶艺人

吴同芬　当代壶艺家

吴云根　当代著名壶艺家

吴亚亦　当代制壶艺人

吴群祥　当代制壶艺人

吴　鸣　当代制壶艺人

时　朋　明代嘉靖、隆庆年著名壶艺家

时大彬　明代万历年著名壶艺大师

陈信卿　明代万历年壶艺家

陈光甫　明代万历年壶艺家

陈俊卿　明代壶艺家

陈六如　明末壶艺家

陈子畦　明末清初壶艺家

陈用卿　明代万历年制壶艺人

陈文卿　明代紫砂陶艺家

陈正明　明代制壶艺人

陈仲美　明代万历年壶艺家

陈　辰　明代壶艺家

陈挺生　明天启、崇祯年制壶艺人

陈和之　明天启、崇祯年制壶艺人

陈务之　明末制壶艺人

陈隐龙　清康熙、雍正年壶艺家

陈文居　清初壶艺家

陈文柏　清初壶艺家

陈汉文　清初壶艺家

陈鸣远　清初著名壶艺大师

陈曼生　清代嘉庆年著名壶艺大师、清西泠八家之一，工书、篆刻

陈寿福　清代道光年壶艺家

陈荫千　清代壶艺家

陈绶馥　清代壶艺家

陈光明　清末制壶艺人

陈用乡　清代制壶艺人

陈殷尚　清代乾隆年制壶艺人

陈懋生　清代制壶艺人

陈柏亭　清代制壶艺人

陈砚卿　清代制壶艺人

陈觐候　清代制壶艺人

陈滋伟　清代制壶艺人

陈少亭　清代制壶艺人

陈寿珍　中华民国时期著名壶艺家

陈珍庆　当代壶艺家

陈福渊　当代紫砂艺人

陈　钢　当代制壶艺人

陈国良　当代制壶艺人

陈进海　中央工艺美院讲师、壶艺家

陆巧英　当代制壶艺人

陆文霞　当代制壶艺人

何心舟　清代道光年壶艺家

何道洪　当代壶艺家

何挺初　当代制壶艺人

余　生　清代制壶艺人

邵文金　明代万历年壶艺家

邵文银　明代万历年壶艺家

邵　盖　明代万历年壶艺家

邵二孙　明代万历年壶艺家

邵亨裕　明末清初制壶艺人

邵德馨　清代制壶艺人

邵元祥　清代制壶艺人

邵友廷　清代壶艺家

邵二泉　清代壶艺家

邵恒昌　清代制壶艺人

邵景南　清代壶艺家

邵湘甫　清末制壶艺人

邵权衡　清代制壶艺人

邵俊根　清代制壶艺人

邵裕亭　清代制壶艺人

邵德泌　清代制壶艺人

邵玉亭　清代壶艺家

邵大亨　清代道光咸丰年壶艺大师

邵形龙　清代制壶艺人

邵云如　清代制壶艺人

邵云亭　清代制壶艺人

邵维新　清代制壶艺人

邵兰孙　清代制壶艺人

邵正来　清代制壶艺人

邵六大　中华民国时期制壶艺人
邵全章　中华民国时期紫砂艺人
邵新和　当代制壶艺人
张怀仁　清代壶艺家
张春芳　中华民国时期制壶艺人
张君德　清代制壶艺人
张红华　当代制壶艺人
张锁坤　当代制壶艺人
张守智　中央工艺美院教授、壶艺家。

八 画

房玉兰　当代制壶艺人
郑宁侯　清初壶艺家
欧正春　明代万历年壶艺家
范章恩　清代制壶艺人
范大生　中华民国时期制壶艺人
范鼎甫　中华民国时期紫砂艺人
范勤芬　中华民国制壶艺人
范臣甫　中华民国制壶艺人
范福奎　中华民国著名陶艺家
范　占　清代制壶艺人
范永良　当代制壶艺人
范若君　当代制壶艺人
范其华　当代制壶艺人
范早大　当代制壶艺人
周后溪　明代万历年壶艺家
周季山　明代天启、崇祯年壶艺家
周永福　清代咸丰年壶艺家
周候详　约清初制壶艺人
周桂珍　当代壶艺家
周尊严　当代制壶艺人
周定芳　当代紫砂艺人
金沙寺僧　约明代弘治、正德年壶艺家
金士恒　清代光绪年壶艺家
金阿寿　中华民国时期制壶艺人
供　春　明代正德年壶艺家
季益顺　当代紫砂艺人
承云从　明代天启、崇祯年壶艺家

九 画

施福生　当代紫砂艺人
施小马　当代制壶艺人
施秀春　当代制壶艺人
赵松亭　清代制壶艺人
赵洪生　当代紫砂雕塑艺人
赵　良　明代万历年壶艺家
项　真　明代壶艺家
项圣思　明末清初紫砂艺人
胡耀庭　清代制壶人
胡永成　当代制壶艺人
咸仲英　当代制壶艺人
俞国良　清代壶艺家

十 画

郭　通　清代
高海庚　当代壶艺家
高洪英　当代制壶艺人
高建芳　当代制壶艺人
高振宇　当代紫砂艺人
凌锡苟　当代紫砂艺人
夏俊伟　当代紫砂工作者，教师
顾景舟　当代著名壶艺大师
顾绍培　当代壶艺家
顾惠君　当代制壶艺人
徐友泉　明代万历年壶艺家
徐令音　明代天启、崇祯年壶艺家
徐次京　明末清初壶艺家
徐温庭　清代制壶艺人
徐飞龙　清代壶艺家
徐汉棠　当代壶艺家
徐秀棠　当代紫砂雕塑家
徐达明　当代制壶艺人
徐建国　当代紫砂艺人
徐维明　当代制壶艺人
徐元明　当代紫砂壶艺人
徐雪娟　当代制壶艺人
徐瑞平　当代紫砂雕塑艺人
钱弘文　清代制壶艺人
钱子麐　清末制陶艺人
倪顺生　当代紫砂雕塑艺人

十 一 画

梅调鼎　清代学者，壶艺家，工诗书
曹婉芬　当代制壶艺人
曹亚麟　当代紫砂艺人，工陶刻
黄玉麟　清代光绪年壶艺家
萧绍明　清代陶艺家

十 二 画

谢曼伦　当代壶艺家
彭君实　清代
惠孟臣　明末清初壶艺家
惠逸公　清代壶艺家
韩　泰　中华民国时期紫砂艺人
蒋时英　明代万历年壶艺家
蒋良玉　清代制壶艺人
蒋德休　清代制壶艺人
蒋世龙　清中期陶艺家
蒋裕泰　清代制壶艺人
蒋志雯　清代制壶艺人
蒋万丰　清代制壶艺人
蒋祯祥　清代制壶艺人
蒋燕亭　中华民国时期仿古壶高手
蒋　蓉　当代著名壶艺家
蒋小彦　当代制壶艺人

葭　轩　明末清初制壶高手
裴石民　当代著名壶艺家
程寿珍　清代壶艺家
程金寿　中华民国时期制壶艺人
程　辉　当代制壶艺人
储　铭　民国时期制壶艺人
储立之　当代紫砂雕塑家，并制壶

十 三 画

路衮补　清代紫砂艺人
锦　春　清代壶艺家

十 四 画

谭泉海　当代紫砂艺人
蔡乾元　清代壶艺家

十 五 画

潘大和　清代壶艺家
潘虔荣　清代壶艺家
潘绒雄　清代壶艺家
潘志茂　清代壶艺家
潘沂宝　清代制壶艺人
潘仕成　清代制壶艺人
潘持平　当代壶艺家
潘春芳　当代壶艺家

十 六 画

薛　怀　清代紫砂艺人、工陶刻
鲍志强　当代紫砂艺人
鲍仲梅　当代壶艺家

十 七 画

魏孟民　中华民国时期紫砂艺人

十 八 画

瞿应绍　清代书画家、壶艺家

参考文献

1. 先秦古籍《逸周书》原名《周书》
2. 战国末·吕不韦等《吕氏春秋》
3. 西汉·司马迁《史记》
4. 东晋·干宝撰《搜神记》
5. 明·嘉靖王宋沐《江西大志·陶书》
6. 明·宋应星《天工开物》
7. 清·乾隆吴骞《阳羡名陶录》
8. 清·乾隆吴骞《阳羡名陶续录》
9. 清·乾隆佚名《南窑笔记》
10. 清·乾隆朱琰《陶说》
11. 清·乾隆《浮梁县志·陶说》
12. 清·寂园叟《陶雅》
13. 梁白泉《宜兴紫砂》.北京：文物出版社，1991
14. 当代《宜兴县志·第九卷》，1990
15. 冯先铭主编《中国陶瓷》.上海：上海古籍出版社，1994
16. 李正中、刘玉华《中国紫砂壶》.天津：天津人民出版社，1995
17. 《中国陶瓷名著汇编》.北京：中国书店出版，1991
18. 李知宴、程雯著《中国陶瓷简史》.北京：外文出版社，1996
19. 日本·《美术盆器名品大成》(中国卷)，1990
20. 王建中等《紫砂壶制作技法》.北京：北京工艺美术出版社，1993
21. 邵　忠编著《中国苏派盆景艺术》.北京：中国林业出版社，2001
22. 邵　忠编著《中国盆景艺术》.北京：中国林业出版社，2002
23. 吴达如编著《中国紫砂盆艺大观》.香港：大世界出版公司，2002

后 记

陶器是中国古代的伟大发明，它以美观和实用而驰名世界。

中国是世界上最早使用陶器的国家之一，陶盆，是中国古代的一种盛器，多为圆形。根据史料记载，早在新石器时代开始大量出现。《周礼 · 地官 · 牛人》："凡祭祀，共其牛牲之互，与其盆簝以待事。"郑玄注引郑司农曰："盆簝皆器名，盆所以盛血。"《礼仪 · 士丧礼》："新盆、槃、瓶、废敦、重鬲，皆濯。"郑玄注："盆以盛水。"陶盆，亦为古量器名。容量为古制十二斗八升。古亦为量器单位。《周礼 · 考工记 · 陶人》："盆实二鬴。"郑玄注："量六斗四升曰鬴。"《荀子 · 富国》记载："今是土之生五谷也，人善治之，则亩数盆。"杨倞注："盖当时以盆为量。"

古时，较大的盆器亦泛称盆盎。《仪礼 · 急就篇》："甀、缶、盆、盎。"颜师古注："缶、盆、盎，一类耳。缶即盎也，大腹而敛口；盆则敛底而宽上。"

后人，用植物或水、石，经艺术加工，种植或布置于盆中，使之成为自然景物缩影的一种陈设品，称谓"盆景"。有树桩盆景、山水盆景等，亦有兼蓄虫鱼者。清代刘銮《五石瓠 · 盆景》："今人以盆盎间树石为玩；长者屈而短之，大者削而约之，或肤寸而结实，或咫尺而蓄虫鱼，概称盆景，想亦始自平泉[①]艮岳[②]矣。元人谓之'些子景'。"

盆景，顾名思义，谓盆中之景。有景必有盆，景是表现盆中的艺术主题，而盆是为了更好地突出景的衬托。珍奇的树桩，秀美的山石，若无佳盆匹配，必使暗然失色。古时，盆景所用盆器的称谓，分盆和盎两类。盆是口大底小，或口底同大；而盎又称缽，是腹大口小的盛器。按现代习惯，两者都统称为盆。盆盎对盆景来说，既有使用价值，又有艺术价值，其作用不仅作为栽种植物或盛放山石的器具，而且是整个盆景的造型部分，起到陪衬造型的作用。它既划定盆景的构图范围，又与盆相辅相成，紧密结合。一景二盆三几座，是构成盆景最佳观赏效果的三要素，三者不可缺一。由景、盆、几座三者配合的盆景作品，才算得上是完整的艺术品。

盆景的用盆，早在明代，已极为注重。由于我国古代陶瓷工业发达，因而出现了不少制盆专家，他们技艺精湛，对盆盎的造型、色彩和质地等进行了精心的研究，所制的紫砂盆、铁砂盆，具有造型古朴、色彩素雅、工艺精湛、款式优良、质地细腻、坚固耐用的特点，是当今保存古盆的珍品。这些盆盎本身，就有极高的观赏价值。

盆盎，按用途分，有盆栽盆和水石盆两类。盆栽盆，盆底均有洞眼，大多用于栽植树桩盆景，也可栽植其他观赏植物；水石盆，也称水底盆，盆底无洞眼，一般用于山水盆景。

紫砂盆，是以紫砂泥为主要原料烧制而成，质地细密，坚韧，不上釉，有吸水透气性能，有利植物生长发育。以其取泥土之本色，古朴、典雅，加之制作缜密、精巧，为其他盆钵所不及。由于无光泽，颜色偏深，大多作盆栽盆，一般不作水底盆，主要产地为江苏宜兴、浙江嵊县、四川荣昌、崇宁等，而以宜兴所产最为著名。

据史籍记载，宜兴陶窑起源于秦汉以前，明、清两代已极盛行，这里制陶巧匠群聚。最有名的有徐友泉、陈鸣远、杨彭年等。其中，清嘉庆年间的杨彭年，是替当时著名篆刻家陈曼生制作紫砂茶壶的名手，其所制紫砂盆多有陈曼生的题词和铭刻，收藏家称之为“曼生盆”。明制宜兴盆，泥质多为铁砂、粗砂和大红泥三种，造型简约古朴；清制宜兴盆，质地细腻，式样繁多，盆面亦有装饰。这些古盆，极具艺术价值，又有历史意义，古朴、素雅、细腻、坚固，堪称盆中佳品，已成为当今人类社会的珍贵文物。

宜兴紫砂盆的造型，从极深的千筒盆，到极浅的水底盆，形式多样，应有尽有；有大有小。小到手指一般的微型盆，一只手掌心可放置若干。大的有比浴盆还大的特大型盆。目前宜兴，大的紫砂圆盆，盆口直径超过1.5m。盆的品种已达六百多种，绝大部分为中小型盆，可说是集器皿造型之大成③。就盆口形状而言，有正方形、长方形、三角形、五角形、六角形、八角形、圆形、矩形、菱形、椭圆形、腰圆形、扁形、遁形等。就盆体形象而言，又有金钟形、花篮形、马槽形、菊花形、葵花型、海棠形、梅花形、喇叭形、鼓墩形、千筒型、船形、一棵印形、鼎形、荷花形等，还有各种异型盆，如桧段形、竹节形、树根形等。盆口的形式可分：直口，盆口直向上；瓢口，盆口向外瓢；涡口，盆口向内涡；蒲口，盆口似蒲包口。此外，还有在盆口加上各种线条处理，变化多端。盆脚的形式，随盆形而变化，大多富有装饰作用。同时，增加盆体的空间感，有利盆底孔洞透气排水。盆脚的形式有平足、云足、云纹足、条形足、兽面足、兽爪足、圆足、竹足、鼎足(三足斜立)、裙足、圈足、高足等。盆角的形式，也有多种，主要分：尖角，即两个盆面夹成的角，角度有大小之分：圆角，盆角呈圆弧状；抽角，盆角上抽出一条沟槽；折角，盆脚为一狭长面；包角，盆角上加料包裹等。在艺术装饰上，还有凸奎，盆上有凸起的平面；凹奎，盆上有凹下的平面；单线，盆腰上有一圈凸线；双线，盆腰上有两圈靠近并列的凸线；复线，盆的近口处和近底处各有一圈凸线；三线，盆上有三圈凸线；其中一圈在近口处，两圈在近底处；底线，靠近盆底部有一圈凸线；口线，盆口上有一圈凸线；竹节，盆上有竹节纹；腰带，盆脚上有一圈凸带；浮雕状兽头等以及正、草、隶、篆、魏碑、汉瓦、古金石索、钟鼎铭文等各体书法；花鸟，山水，人物等国画、白描等各种雕刻，还有回字纹、工字纹、万字纹等花饰，集书法、文学、绘画、工艺、篆刻诸艺于一体；也有各式彩绘，其内容与雕刻大体雷同。盆底孔眼，有单孔、二孔、三孔、五孔等，孔又有大小、方圆之分。中、小型盆栽盆，常还带有水托的配套，在几案上陈设时，可承受盆中流出之水。

宜兴紫砂盆的原料，主要采取当地紫砂泥，和同类泥种，烧成后的色彩，虽有几十种之多，而颜色仍以紫色为主，色调都很沉静。因此，栽上桩景，有烘云托月之功，无喧宾夺主之嫌；若栽上松柏类古桩，则更见古雅浑朴。

宜兴紫砂盆，盆底大多有落款印章，自明代迄今，其落款有制作者姓名、别号、生产厂名。中华人民共和国成立后，多用“中国宜兴”印章，或同时署制作者姓名。自20世纪90年代以来，落款仍以改署作者姓名为主。这些落款，在鉴别古盆时可供鉴定盆的生产年代。

阳羡　邵忠

2005年初秋于龙砚斋

注：

①平泉。指平泉庄，去河南洛阳三十里，卉木台榭，若造仙府。是唐代李德裕游息的别庄。

②艮岳。山名。在河南开封城内东北隅。宋徽宗政和七年（1117年）于汴梁东北作万岁山，宣和四年（1122年）徽宗自为《艮岳记》，以为山在国都之艮位，故名艮岳。宣和六年，改名寿峰（有宋·张淏《艮岳记》）。

③1986年10月在武汉召开的首届“中国盆景学术讨论会”上，经共同商讨研究确定，盆景用盆，根据盆口尺寸的大小，分为五种类型：即盆长（或口径）150cm以上为特大型；80～150cm为大型；40～80cm为中型；10～40cm为小型；10cm以下为微型。